Irmtraud Tarr

Vom Lampenfieber zur Vorfreude

SelbstHilfen

Weitere Titel aus dieser Reihe

Ulrike Buchs-Quante
Voice Power – Erfolg durch die Stimme.

Jochen Haisch
Gesundheitsrisiken. Wege zur Bewältigung.

Rudolf A. Kaufmann
Ängste, Phobien und andere unnötige Lasten.
Energiefeld-Therapie als Anleitung zur Selbsthilfe.

Rato-Garrit Klomsdorff
Hörsturz – und danach? Entstehung, Nachsorge, Vorbeugung.

Mats Mehrstedt
Ohne Angst zum Zahnarzt.

Martin Riester
Pflegebedürftig!? Was nun?

Dietmar Stock; Jochen Haisch; Stephanie Braun
Diabetes – neue Schritte zur Bewältigung.
Praktische Alltagshilfen für Typ-I- und Typ-II-Diabetiker.

Sven Tönnies
Entspannung, Suggestion, Hypnose.

Sven Tönnies
Leben mit Ohrgeräuschen. Selbsthilfe bei Tinnitus.

Sven Tönnies
Mentales Training für die geistig-seelische Fitness.

Sven Tönnies, Klaus Dickerhof (Hg.)
Schwerhörigkeit, Tinnitus, Schwidel
aus der Erfahrung von Betroffenen, kommentiert von Fachleuten.

Irmtraud Tarr

Vom Lampenfieber zur Vorfreude

Sicher und souverän auftreten

Asanger Verlag • Heidelberg, Kröning

Die Autorin:
Irmtraud Tarr (geb. 1950), Dr. phil., hat über 20 Jahre Erfahrung bei öffentlichen, internationalen Auftritten als Verhaltenstrainerin und Konzertorganistin; sie ist Musiktherapeutin und Psychologische Psychotherapeutin mit eigener Praxis in Rheinfelden sowie Autorin zahlreicher Sach- und Fachbücher, u.a. von "Lampenfieber. Ursachen, Wirkung, Therapie" (1993), "Die magische Kraft der Beachtung. Sehen und gesehen werden" (2001).

Illustrationen:
Monika Eigenstetter

Umschlaggestaltung:
Kerstin Schulmayer, eleveneyes · agentur für visuelle kommunikation, München, nach einer Tuschzeichnung von Monika Eigenstetter

Bibliographische Informationen der Deutschen Bibliothek:
Die Deutsche Bibliothek verzeichnet diese Publikation in der Deutschen Nationalbibliographie; detaillierte bibliographische Daten sind im Internet über http://dnb.ddb.de abrufbar.

Printed in Germany

ISBN 3-89334-420-9

Inhalt

Einleitung

Fast jeder kennt es: plötzlich von unerklärlicher Angst vor einem öffentlichen Auftritt oder einer Prüfung erfasst zu werden. Und jeden von uns kann diese Angst – Bühnenangst oder umgangssprachlich Lampenfieber – überfallen: Junge wie Alte, Männer wie Frauen, Schüler wie Lehrer, Studenten wie Professoren. Für die meisten geht dieser Zustand einher mit Nervosität, Herzrasen, Schweißausbrüchen, Magenschmerzen und dem panischen Drang, der Situation entfliehen zu wollen.

Nun sind wir im Laufe der Geschichte dazu verführt worden, auf Angstsignale nicht zu hören, sondern sie zu bekämpfen, zu überwinden, abzulehnen oder abzuwehren. Wie alle Gefühle, gegen die wir so vorgehen, kann das Lampenfieber dadurch nur noch größer werden, weil es zur Angst vor der Angst führt. Erst so kann das Lampenfieber panisch und damit krankhaft werden. Lampenfieber ist insofern also keine Schwäche, sondern eine gesunde, protektive, vorbeugende Reaktion. Sie zeigt an, dass ein bevorstehender Auftritt ein Risiko enthält, das in innere Erregung versetzt. Somit ist Lampenfieber sogar "gesund" – nur unser unangemessener Umgang, unsere Abwehr, belastet oder macht krank.

Schon lange werden immer neue Methoden, Techniken und Strategien über den Umgang mit Lampenfieber vor öffentlichen Auftritten und Bühnensituationen in Kursen und Ratgebern angepriesen. Trotz dieser vielfältigen Informationen wächst bei vielen Angstgeplagten die Frustration, weil die gewünschte Veränderung – "Nie mehr Lampenfieber" – nicht eintritt. Dies hängt vor allem mit dem Missverständnis zusammen, es gäbe ein paar schnelle und garantierte Kniffs oder Tricks zur Überwindung von Lampenfieber. Doch die wirken nur selten wie erhofft und erweisen sich in den meisten Fällen langfristig als wenig hilfreich.

Vor mehr als zehn Jahren habe ich mein erstes Buch über "Lampenfieber" geschrieben. Seitdem hat sich meine praktische Arbeit über die "Bühne der Musik" hinaus auf die weiteren "Bühnen des Lebens" – Vorträge, Seminare, Prüfungen, Medienauftritte – erweitert. Die Ergebnisse der dadurch angeregten Auseinandersetzung mit methodischen Neuerungen und theoretisch-konzeptionellen Weiterentwicklungen vor allem der Emotionspsychologie, Neurowissenschaften, Soziologie, Musik- und Sportwissenschaften stelle ich im ersten Teil – "Stand der Forschung" – vor: Wie wirkt Lampenfieber? Wie entsteht Lampenfieber? Was tun bei Lampenfieber? Ich werde vor diesem Hintergrund neu entwickelte, kurz- und langfristig wirksame Übungen vorstellen und Fertigkeiten vermitteln, wie sich unangenehmes, leistungshemmendes Lampenfieber besser bewältigen lässt. Ich werde leicht verständliche Wege beschreiben, die plausibel und nachvollziehbar sind und die jeder Leser selbst auch ohne Berater oder Therapeutin begehen kann.

Ich habe in meinem integrativen Therapieansatz allgemein wirksame Maßnahmen nicht einfach übernommen, sondern deren Prinzipien und Techniken für die spezifische Problematik der Bühnenangst modifiziert und angepasst. Mein integratives Vorgehen habe ich in Auseinandersetzung mit der "Integrativen Therapie" (Petzold 1974, 1999) und deren theoretischem und klinischem Fundus entwickelt. In meinem Ansatz vermittle ich keine Rezepte des "Wegmachens" – wie sich das Lampenfieber wegtrainieren oder unterdrücken lässt. Es kommt vielmehr auf den angemessenen Umgang mit der Angst an: um die Angst herumgehen, also nicht direkt auf sie zugehen, sondern sie indirekt umkreisen und hören, was sie mir zu sagen hat; also eine Beziehung zur Angst aufnehmen, damit ich ihr eine angemessene Antwort geben kann.

Der praktische (erste) Teil des Buches – "Alltag als Übung" – geht von der Erfahrung aus, dass eine positive Veränderung in einem Bereich der

Persönlichkeit positive Auswirkungen auf den gesamten Organismus hat. Das Erleben des Leibes ist mein Ausgangspunkt, da er aus entwicklungspsychologischer Sicht die Grundlage emotionaler und kognitiver Strukturen bildet. Diese Sicht findet ihren Ausdruck in den Abschnitten "Den Körper spüren lernen", "Anders denken lernen" und "Anders fühlen lernen", die Sie als Leser mit zahlreichen praktischen Anleitungen auf einen Übungsweg begleiten wollen, der seinen Ursprung im "Alltag als Übung" (Dürckheim) nimmt. Im Zentrum steht die Veränderung des Blickwinkels, unter dem das Lampenfieber gesehen wird.

Diese gedankliche und emotionale Aufarbeitung findet ihre Umsetzung im praktischen (zweiten) Teil des Buches – "Auf der Bühne". Im Mittelpunkt steht die Umsetzung der neu gewonnenen selbstbewussten Haltung und Souveränität in selbstbewusste, in sich stimmige Bühnenkommunikation, in eine souveräne innere und äußere Haltung und Blickführung. Entscheidend für die Bühnenausstrahlung ist, ob man in vollständiger Übereinstimmung mit dem eigenen Tun ist und seine Kräfte bündeln und sich auf die Aufgabe konzentrieren kann. Ein "Notfallkoffer" für die Zeit unmittelbar vor dem Auftritt rundet die Fülle von Tipps und Übungen ab.

Ich zeige in diesem Buch Wege auf, wie Sie die lähmende, beeinträchtigende Energie des Lampenfiebers nutzen und in seine inspirierende, stimulierende Variante der Vorfreude umwandeln können. Lampenfieber in Vorfreude auf ein kommendes Ereignis zu verwandeln, für das Sie sich einsetzen, weil es Ihnen etwas bedeutet und wichtig ist – das ist das Ziel. Die Bewältigung des Lampenfiebers gelingt nicht durch die "richtige" Abkürzung, denn es gibt keine Abkürzung. Es gibt nur einen Weg – und dieser Weg beruht auf Übung. Entscheidend ist nicht, wie schnell und effizient Sie üben, sondern was, wie bewusst und warum Sie üben.

Die Wirksamkeit dieser Vorgehensweise hängt natürlich entscheidend auch von Motivation, Persönlichkeit sowie Art und Intensität Ihrer Probleme ab. Deshalb habe ich ein breites Angebot von Maßnahmen und Übungen (Atem-, Entspannungs-, Wahrnehmungs-, Imaginationsübungen) zusammengestellt, die zwischen fünf und dreißig Minuten dauern. Aus diesem Spektrum können Sie je nach persönlicher Vorliebe, verfügbarer Zeit und je nach Problematik und Bedarf auswählen.

Sie werden all jene Methoden und Techniken kennen lernen, die ich in der langjährigen Arbeit mit meinen Klientinnen und Klienten, die unter Lampenfieber litten, erprobt und weiter entwickelt habe. Ich verdanke meinen Klienten so manche Anregung. Für die Übungen, die sich in meiner Praxis bewährt haben bzw. die wissenschaftlich fundiert sind, findet sich die einschlägige Literatur jeweils am Ende der einzelnen Abschnitte, um die Lesbarkeit des Textes und damit die optimale Umsetzung der Übungen zu erhöhen. Sie sind zum besseren Verständnis meist illustriert und laden auch ein wenig zum Schmunzeln ein.

Stand der Forschung

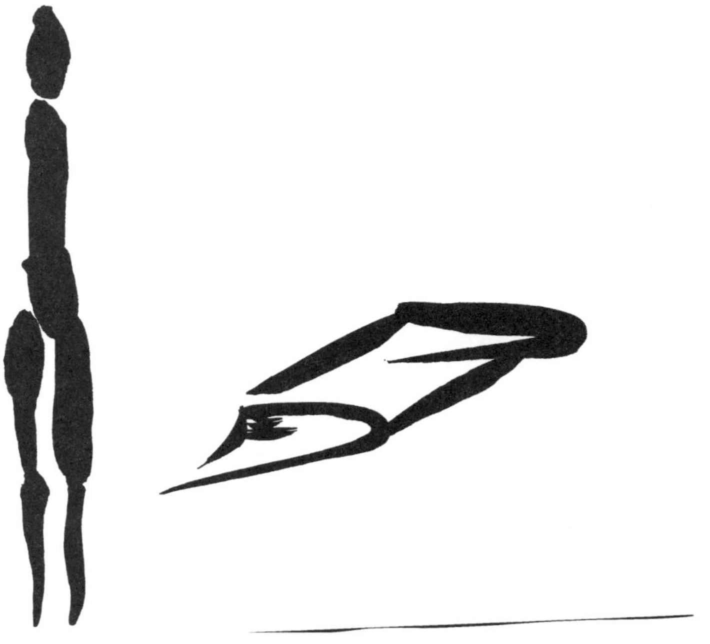

Wie wirkt Lampenfieber?

Die Angst vor öffentlichen Auftritten

Lampenfieber ist ein von Angst und psychovegetativer Spannung geprägter Zustand, der vor und während eines öffentlichen Auftritts vorliegt. "Lampenfieber" ist dem Wort "Kanonenfieber" nachgebildet, das Goethe anlässlich der Kanonade von Valmy beschrieb, bei dem das Pfeifen der herannahenden Kugeln die zuhörenden Soldaten – und vor allem Goethe selbst – in einen merkwürdigen Rausch versetzte. Der Begriff "Lampenfieber" taucht erstmalig 1858 in der Theaterwelt auf. Dort hieß das Rampenlicht "die Lampen": Man brachte "den Wallenstein vor die Lampen". Heute könnte man analog dazu vom "Modemfieber" sprechen als Metapher für die Gefahr schneller Erreichbarkeit, die allerdings kein schnelles Ende findet, sondern auf eine schnelle Antwort wartet.

Im heutigen Sprachgebrauch bezieht sich "Lampenfieber" nicht nur auf die Welt des Theaters, sondern auf sämtliche Bühnen des Lebens, auf denen ein sozialer Austausch erfolgt. Ob jung oder alt, Mann oder Frau, Schüler oder Lehrer, Student oder Professor, Führungskraft oder Mitarbeiter – jeder kann in eine Situation geraten, die diese Angst mehr oder weniger stark auslöst. Wer sich vor anderen zeigt und etwas zum Besten gibt, sei das nun in Schule, Betrieb, Universität, Vortrags- oder Konzertsaal oder auf dem Sportplatz, setzt sich grundsätzlich Angst vor den anderen aus. Und umgekehrt: Wer in der Öffentlichkeit nichts zu zeigen oder zu sagen hat, der erfährt bzw. kennt auch kein Lampenfieber. Die Angst, sich bloßzustellen, das Gesicht zu verlieren, sodass auf peinliche Art ans Licht kommt, wer, wie oder was wir sind, steht für die meisten Menschen an erster Stelle ihrer Angsthierarchie. Lampenfieber ist also im Kern die Angst vor negativen Bewertungen oder die Einschätzung des eigenen Wertes durch andere Personen.[13)]

Wie Lampenfieber erlebt wird

"Für mich ist die Angst, dass ich mich lächerlich machen könnte, schlimmer als die Angst vor dem Sterben", meinte eine Kindergärtnerin kurz bevor sie eine Ansprache an einem Elternabend halten sollte. Diese Aussage verweist direkt auf die Angst vor Abwertung, die diese Frau sogar als lebensbedrohlich erlebt. Bei ihr ist es das Sprechen vor anderen, vor fremden Menschen, das Angst macht. Auch wenn ihr objektiv gesehen niemand ans Leben will, so erlebt sie die Situation als vorgestellte (imaginierte) Bedrohung, bei der es um die Einschätzung ihres Wertes durch andere geht.

"Ich habe oft große Schmerzen vor der Vorstellung. Während der Vorstellung sind sie dann wie weggeblasen. Oder ich kriege irgendwas ab. Ein Kollege schlägt mir mit seinem Spitzenschuh eine an den Kopf ... Dann macht's halt kurz ‚peng', aber das spüre ich nicht. Nach der Vorstellung mache ich dann das Make-up weg, und dann sehe ich plötzlich mein blaues Auge. Das gibt's schon mal. Aber man ist ja wie weggetreten." Ein Beispiel, wie man in der Hitze des "Rampenlichts" wegen der alarmierten Stressphysiologie derart angespannt ist, dass man nicht einmal merkt, wenn man verletzt wird. Man ist derart konzentriert, dass man für andere Körpersignale nicht zugänglich ist. Ein Vergleich: Wenn man geschlagen wird, spannt man sich an, fährt den Tonus in den Muskeln hoch, und erst wenn man loslässt, ist da plötzlich ein blauer Fleck.

"Ich musste bei einem Schulkonzert ein Klavierstück vorspielen. Ich habe dann so Lampenfieber gehabt, dass ich nicht mehr wusste, wie es weitergeht. Vorher hätte ich es sogar im Schlaf spielen können. Meine Lehrerin saß in der ersten Reihe und hat nur noch die Hände über dem

Kopf zusammengeschlagen. Die wäre am liebsten im Boden versunken. Nach einer halben Ewigkeit habe ich einfach noch mal angefangen, und dann wusste ich wieder, wie es geht." Black-out und Gedächtnislücken sind die typischen Gefahren bei Lampenfieber. Nach einem Black-out haben die meisten den Eindruck, dieser hätte ewig gedauert, obwohl es sich meist nur um wenige Sekunden handelt. Auch die Erwartungen von außen – hier der Lehrerin – können Anspannungen verursachen.

"Es macht mir einfach Spaß, auf die Bühne zu gehen und zu singen. Ich fühle mich dann immer unwahrscheinlich ‚high'. Das ist ein Glücksmoment, den ich um nichts in der Welt missen möchte." Es gibt Menschen, für die ist das Lampenfieber ein unverzichtbarer Teil des Lebens. Lampenfieber kann ähnlich wie eine Droge wirken. Es kann rauschhafte Zustände erzeugen und sogar süchtig machen.

Die Angstsituationen ähneln sich in zwei Aspekten: die Angst vor der Einschätzung des eigenen Wertes durch andere Personen und die Gleichsetzung von Können, Geschicklichkeit, Fertigkeit mit dem eigenen Wert als Mensch. Für manche sind es Begegnungen mit dem anderen Geschlecht, Feste, Geschäftsessen, Diskussionen; für andere sind es Musik- und Theateraufführungen oder Sportwettkämpfe; wieder andere kämpfen mit ihrer Angst bei Bewerbungen, bei Gesprächen mit Vorgesetzten. Besonders prädestiniert für Bewertungsängste sind Prüfungen.[18)] Hier wird die Bewältigung von Entwicklungsschritten, Können und Aufgaben gefordert. Jeder weiß: Diese Bewältigung kann auch missglücken. Wenn der Selbstwert ausschließlich an das Gelingen gekoppelt ist, kann die Angst vor dem Misslingen nicht nur die Qualität des sozialen Auftritts verderben, sondern auch dem Selbstvertrauen nachhaltigen Schaden zufügen. Sicher haben Menschen ganz unterschiedliche Gaben und Techniken, mit Be- und Abwertungen umzugehen. Der eine mag ein "dickes Fell" haben und Abwertungen kaum bemerken. Ein anderer entwickelt die Neigung, sich schon bei harmlosen kritischen Äußerungen gekränkt zurückzuziehen. Oder wieder ein anderer bläht sich übermäßig auf, um abwertende Erfahrungen zu kompensieren. Jedenfalls gibt es mehr oder weniger günstige Verhaltensmuster, um mit der Angst vor Bewertungen und Abwertungen fertig zu werden.

Körperlicher und psychischer Ausnahmezustand

Wenn ein öffentlicher Auftritt naht, rast die Zeit, steigt der Adrenalinspiegel, der Kopf gerät in Unordnung, der Herzschlag pocht, der Puls erhöht sich. Manche geraten vor einem öffentlichen Auftritt in einen Ausnahmezustand, in dem sie die merkwürdigsten Verhaltensweisen entwickeln und z.B. unaufhörlich lachen und reden wie ein Wasserfall, ganz still und in sich gekehrt werden oder schimpfen. Andere würden am liebsten nur noch die Decke über den Kopf ziehen oder irgendwohin flüchten, möglichst weit weg. Lampenfieber gibt es in unzähligen Formen: Es beschleicht uns, terrorisiert uns, lähmt uns, scheucht uns auf, macht uns unruhig, lässt uns erröten oder erbleichen, macht uns einsam oder lässt uns wie eine Schnecke ins enge, scheinbar sichere Gehäuse unseres Ichs kriechen. Lampenfieber ruft feststellbare körperliche Veränderungen hervor: Herzklopfen, Schweißausbrüche, kalter Schweiß, Händezittern, Muskelverspannungen, Veränderung des Atemrhythmus, Hyperventilation, Mundtrockenheit, Schwächegefühl in den Knien, kribbelndes Hautgefühl, Veränderung der Magen- oder Darmtätigkeit. Solche Körperreaktionen machen unsicher und hilflos und führen zum Glauben, keine Kontrolle über den eigenen Körper zu haben.

Vom ersten Feuern der Nervenzellen bis hin zur Hormonausschüttung von Cortisol und Adrenalin und der entsprechenden Beeinflussung der peripheren Organe spielt sich eine wahre Kaskade von Ereignissen ab, die sich blitzschnell und unbewusst vom Gehirn ausgehend bis zu den letzten Nervenendigungen unseres Körpers ausbreiten. Ergebnisse der modernen neurobiologischen Forschung, die auf endokrinologischen Untersuchungen bei Prüfungskandidaten basieren, belegen eine erhöhte Ausschüttung von Adrenalin, Noradrenalin und Cortisol, die mit dem Ausmaß der Angst korrelieren.[1] [2] Unwillkürlich spannen wir die Muskeln an, unser Blutdruck steigt, die Arterien werden enger, und unser Herz schlägt schneller. Das vegetative Nervensystem arbeitet hierbei wie ein Computer, der die Angstsignale von der Hirnrinde an den Hypothalamus und die Hypophyse weiterleitet. Die Hypophyse (Hirnanhangsdrüse) schüttet daraufhin den Botenstoff ACTH (adrenocorticotropes Hormon) in die Blutbahn aus. Sobald das ACTH die Nebenniere erreicht hat, kommt es dort zur Freisetzung von Adrenalin und Cortisol. Das zweite Alarmsystem befindet sich im Hirnstamm, wo insbesondere Noradrenalin freigesetzt wird, wodurch es zur Alarmierung von Herz und Kreislauf kommt. Der Herzschlag erhöht sich, der Blutdruck steigt und gleichzeitig wird vermehrt Blut in die einzelnen Muskeln gepumpt. Da Beine und Arme eine vermehrte Blutzufuhr für die Muskeltätigkeit benötigen, wird das Blut, das normalerweise in den Magenbereich fließt, stattdessen in Arme und Beine geschickt.

Der gesamte Körper bereitet sich auf einen Notfall vor, die Beine sind zur Fluchtaktion bereit, die Atemfrequenz nimmt zu, damit mehr Energie in das Herz gepumpt wird, und die Körpertemperatur steigt an. Sämtliche Körperpartien sind bereit, in Aktion zu gehen und "loszuspurten". Währt diese Stressantwort nur kurzfristig, so wirkt sie auf uns geradezu belebend; hält sie aber an, etwa durch Dauerstress, anhaltende Sorgen, belastende, gestörte Beziehungen, dann gefährdet sie unsere Gesundheit. Durch wiederholte Einwirkung kann es zur Ausbildung einer Stressphysiologie kommen, die neben physiologischen und immunologischen Wirkungen auch Gedächtnisprozesse nachhaltig beeinflusst.[7] Der erste Grund ist das oben erwähnte Cortisol, das bei länger anhaltenden Belastungen den Nervenzellen des Gehirns erheblichen Schaden zufügen kann. Bei chronischen Ängsten ist vor allem eine Hirnstruktur in Mitleidenschaft gezogen – der so genannte Hippocampus, der für die langfristige Speicherung von Gedächtnisinhalten zuständig ist. Eine Forschungsgruppe um den kanadischen Hirnforscher Michael Meaney fand heraus, dass eine erhöhte Konzentration des Stresshormons Cortisol nicht nur zu Gedächtnisstörungen, sondern auch zu einer Schrumpfung des Hippocampus führt.[12)] Insgesamt wissen wir heute, dass bei der Entstehung von Lampenfieber sowohl subkortikale als auch kortikale Komponenten beteiligt sind.[4)]

Empirische Ergebnisse über die Folgen von Lampenfieber

Das Forschungsteam von Dirk Hellhammer und Clemens Kirschbaum am Trierer Forschungsinstitut für Psychologie und Psychosomatik [8)] wollte herausfinden, welche Situationen für Menschen Stress bedeuten. In den 90er Jahren wurde deshalb der mittlerweile berühmt gewordene Trierer Sozial-Stress-Test durchgeführt, bei dem Studenten eine fünfminütige Rede vor einer dreiköpfigen Kommission halten sollten.

Eine solche Rede ist eigentlich nicht spektakulär, sie bedeutet aber eine massive Bedrohung für unser Ich und unser Selbstverständnis und wird mit einer starken körperlichen Reaktion beantwortet. Zum ersten Mal konnte empirisch belegt werden, dass eine rein psychische Anspannung eine massive körperliche Reaktion auslösen kann. Das war das Bahnbrechende an diesem Forschungsversuch.

Dieses Ergebnis wird auch durch neuere Studien unterstützt. Kirschbaum und seine Mitarbeiter haben Turniertänzer untersucht, sowohl in Vorbereitung auf ein Turnier als auch unter Turnierbedingungen. Das Ergebnis war verblüffend: Selbst routinierte Turniertänzer mit langjähriger Tanzerfahrung (bis zu dreißig Jahren) reagierten mit einer massiven

Stressreaktion, wenn sie von den Kampfrichtern für ihre tänzerische Leistung bewertet wurden.

Nicht die Bewegung, die physische Aktivität als solche, sondern allein die Bewertung durch eine wichtige, bedeutungsvolle oder nahe stehende Person wird als derart starke Bedrohung des Ichs erlebt, dass der Körper darauf mit intensiven Reaktionen antwortet.

Daraus lässt sich folgern, dass der Stress für Menschen von heute vor allem in der Bedrohung ihrer zwischenmenschlichen Beziehungen besteht. Offensichtlich sind wir in einem viel höheren Maße auf die Beachtung und Wertschätzung unserer Mitmenschen angewiesen, als bisher in der medizinischen und biologischen Forschung angenommen wurde.

Belastung und Nervenkitzel

Mancherorts wird zwischen Lampenfieber *(stage fright)* und Auftrittsangst *(performance anxiety)* unterschieden. Auftrittsangst zeichne sich demnach durch eine Verschlechterung der Leistung im kognitiven wie im psychischen Bereich aus und gehe einher mit negativer Selbsteinschätzung, eingeschränkter Motorik und einem Verhalten, das durch Blockaden und Lähmung beeinträchtigt wird.[14)]

Dem Lampenfieber hingegen wird bei dieser Gegenüberstellung leistungssteigernde und konzentrationsfördernde Wirkung zugeschrieben. In den meisten wissenschaftlichen Abhandlungen über Lampenfieber ist man sich aber darüber einig, dass Lampenfieber und Auftrittsangst ein und dasselbe Phänomen darstellen, die gleiche Grundlage haben, wenn auch in unterschiedlichem Ausmaß, und in unterschiedlicher Stärke und Wirksamkeit vorkommen.[11)]

Auch in meinem Verständnis ist Lampenfieber beides: Belastung und Beeinträchtigung einerseits, aber auch positiver Anreiz und Nervenkitzel – und es ist außer in extremen Fällen keineswegs krankhaft. Nimmt man den Begriff "Lampenfieber" nochmals näher unter die Lupe, so heißt "Lampe" zunächst einmal, dass wir unter einer künstlichen Lichtquelle stehen. Wir werden beleuchtet und herausgestellt. Wir stehen im Licht. Der Körper begegnet diesem Exponiertsein mit erhöhter Eigenwärme und Erregung zur Mobilisierung der körpereigenen Abwehrkräfte. Wir werden heiß und "fiebrig" unter dem Scheinwerfer, der auf uns gerichtet ist. In diesem Moment hilft nur eines: das Gewährenlassen, um sich "auszufiebern", das Nutzen der Fieberenergie zum Aufbruch in die Phase des Sich-wieder-Gewinnens.

Das Phänomen Lampenfieber hat also zwei Gesichter: Zum einen kann es als Erregungszustand erlebt werden, als positives Stimulans, das zu erhöhter Wachsamkeit, zu stärkerer Konzentration und damit zur Leistungssteigerung führt; zum anderen als ein Verhindert- oder Gebremstwerden und Blockiertsein in der Leistungsfähigkeit. Grundsätzlich ist es eine verständliche Reaktion auf eine bevorstehende Situation oder Herausforderung, die ein Risiko enthält, das in innere Spannung versetzt. Lampenfieber zu entwickeln ist keine Schwäche, sondern eine gesunde und verständliche Reaktion, wenn wir uns dem Urteil, dem Echo und der Resonanz von Mitmenschen aussetzen.[5)] Es besteht also kein Grund, das Lampenfieber auch noch mit Scham oder Schuldgefühlen zu potenzieren. Niemand ist schuld daran, dass sein Körper einen Alarmzustand anzeigt.

Häufig klingt Lampenfieber unmittelbar nach Beginn eines öffentlichen Auftritts rasch ab. Studenten, Prüflinge, Vortragende beschreiben immer wieder, wie ihre Angst, nachdem sie zu reden angefangen haben, merklich nachlässt. Im Folgenden stehen aber nicht die positiven akuten Wirkungen von Lampenfieber im Vordergrund, sondern die negativen, leistungsbeeinträchtigenden Auswirkungen: wenn das Lampenfieber anhält, wenn es eskaliert, wenn das Denken blockiert ist, wenn das Gedächtnis abstürzt, wenn Leere im Kopf entsteht oder die Konzentration verloren geht. Und: Wie lassen sich diese Zustände erklären – und was lässt sich dagegen unternehmen?

Lampenfieberprofile und Bewältigungsprofile

Jeder scheint zu wissen, was die Angst mit ihm macht und welche Veränderungen sie hervorruft. Lampenfieber macht introspektiv, glauben viele Musiker zu wissen. Da niemand sich und seine Veränderungen mit dem weiten Spektrum der Angstlandschaft vergleichen kann, sind die meisten Personen in der Beurteilung ihrer mehr oder weniger starken Symptome auf sich gestellt. Hinzu kommt die individuelle Neigung, über unangenehme Gefühle nicht zu sprechen. Deshalb sind sich viele unsicher über die Angemessenheit ihrer Empfindungen. Körperliche, kognitive, emotionale und verhaltensbezogene Symptome können vereinzelt oder gemeinsam auftreten.

Auch wenn es zwischen Menschen gewisse Gemeinsamkeiten gibt, so verbergen sich doch hinter der Maske des Lampenfiebers unendlich viele Landschaften. Es gibt nicht das Lampenfieber, sondern so viele Arten von Lampenfieber, wie es Menschen gibt. "... mein Herz klopft richtig laut, ich kann kaum noch Luft kriegen. Meine Knie zittern, meine Hände sind kalt und klatschnass. Ich kann nicht mehr klar denken und bin nur noch verwirrt. Ich habe das Gefühl, ich bin dieser Prüfung nicht gewachsen. Hätte ich doch früher angefangen zu lernen. Nun kommt es heraus. Ich werde mich tödlich blamieren, weil die merken werden, was mir alles fehlt. Am liebsten würde ich im Erdboden verschwinden!"

Dies ist ein typisches Lampenfiebercluster. Die betroffene Person beschreibt zunächst ihre körperlichen Reaktionen und geht dann über zu kognitiven und emotionalen Reaktionen. Bei vielen Menschen sind die Angstsymptome nicht so ausgeprägt, aber auch starke und verschiedenartige Symptome sind keineswegs selten. Für jede Person kristallisiert sich bei genauer Analyse allerdings ein eigenes Lampenfieberprofil heraus: Lampenfieber wirkt sich so unterschiedlich aus, wie Menschen unterschiedlich sind. Es gibt nicht das Lampenfieber, sondern so viele Erscheinungsweisen von Lampenfieber, wie es Menschen gibt. Zwei Beispiele: "Ich muss mich jedes Mal vorher übergeben und wenn ich dann meinen ersten Ton gesungen habe, werde ich ganz ruhig, fast traumwandlerisch sicher", so die Beschreibung einer Sängerin. Oder ein Arzt: "Wenn alle verrückt spielen vor einem wichtigen Eingriff, dann werde ich fast gleichgültig oder mir fallen makabre Witze ein."

Es gibt Lampenfiebertypen, die sich durch eine schwerpunktmäßige Konzentration von Symptomen auf einen Körperbereich klassifizieren lassen. Ich unterscheide drei Typen:

1. den Herz-Kreislauf-Typ, der vornehmlich mit Atem-, Kreislauf- und Herzbeschwerden, Blutdruckschwankungen, Schüttelfrost oder Schweißausbrüchen reagiert,
2. den Magen-Darm-Typ, der mit Magenbeschwerden, Übelkeit, Blähungen oder Durchfall reagiert,
3. den diffusen Erregungs-Typ, der mit innerer Unruhe, Erröten oder Erblassen, zittrigen, weichen Knien, Zittern am ganzen Körper, Hektik, Vergesslichkeit, Schlaflosigkeit oder Alpträumen reagiert.

Auch Mischtypen können auftreten, die sich nicht eindeutig einordnen lassen. Es lässt sich auch beobachten, besonders bei Musikern, dass verschiedene Spieler des gleichen Instruments ganz unterschiedlich betroffen sind.[15)] Der eine erleidet Einbußen in der Intonation, der andere in seiner Spieltechnik oder im Ausdruck, wieder ein anderer verliert an Tempo, während ein anderer plötzlich zu früh einsetzt. Wenn die Betroffenen die Folgen ihres persönlichen Lampenfieberprofils kennen, kann ein gezielter individueller Übungsweg entwickelt werden.[9)]

Die Angst vor der Angst des öffentlichen Auftritts hat immer seine berechtigten Gründe. Dennoch bewältigen die meisten trotz ihrer

Körperliche, kognitive, emotionale und verhaltensbezogene Reaktionen bei Lampenfieber

Musikstudenten an der Musikhochschule Basel wurden in den Jahren 2000/2001 befragt, welche Folgen und Symptome von Lampenfieber sie bei sich und anderen beobachtet haben.

Die Vielzahl von Antworten wurde zur besseren Orientierung nach vier Kategorien geordnet:

a) Körperliche Reaktionen
Herzklopfen, Kniezittern, weiche Knie, Zittern am ganzen Körper, kalte Hände, rote Flecken am Hals, roter Kopf, Blässe, Schweißausbrüche, Muskelverspannungen, Atembeschwerden, trockener Mund, beschleunigte Atmung, Harndrang, Blähungen, Magenschmerzen, Aufstoßen, Engegefühl im Hals, Erbrechen, Schwindel, Augenflattern, Kopfschmerzen, Ausschlag

b) Kognitive Reaktionen
Fahrigkeit, Verwirrung, keine Konzentrationsfähigkeit, Black-out, Gedächtnisverlust, Sprachstörungen, verzögerte Reaktionen, den Faden verlieren, Grübelzwang, Denksperre

c) Emotionale Reaktionen
deprimiert, reizbar, aggressiv, Alpträume, Hilflosigkeit, Panik, Kontrollverlust, Weinen, Gefühl des Überwältigtseins, Scham

d) Reaktionen im Verhalten
Schlaflosigkeit, erschwertes Einschlafen, Rededrang, übermäßiges Essen oder Rauchen, unsicheres Gehen, hektische Bewegungen, nervöses Kritzeln oder Spielen mit Gegenständen, Steifwerden oder sozialer Rückzug

Literatur: 6, 10, 16, 18, 19

Symptome die an sie gestellten Anforderungen. Sie entwickeln zum Beispiel individuelle Bewältigungsprofile für die jeweiligen Auftrittssituationen.[20] Sie haben sich Prüfungen, Bewertungssituationen gestellt, vielleicht mit großer Überwindung und Selbstbeherrschung, sie haben Referate, Vorträge, Ansprachen gehalten, trotz ihrer Ängste, und mehr oder weniger gut dabei abgeschnitten.[3] Aber sie haben sich den Situationen gestellt und sind darin nicht "untergegangen". Sie kennen alle auch das Glücksgefühl, das sich einstellt, wenn sie das Lampenfieber "durchgestanden" haben und am Ende der Applaus "niederregnet". Vielleicht wäre es ihnen aber leichter gefallen, sich der Situation zu stellen, und wahrscheinlich hätten sie den Applaus noch mehr genießen können, wenn sie rechtzeitig gelernt hätten, ihr Lampenfieber zu akzeptieren und aus ihm zu lernen. Langfristige, präventive Methoden sowie kurzfristig wirkende Erste-Hilfe-Maßnahmen bei Lampenfieber stehen deshalb im Mittelpunkt dieses Buches.

Integrationsfragen

Wie sieht mein persönliches Lampenfieberprofil aus?

Wo im Körper spüre ich mein Lampenfieber besonders?

Was sagt das betroffene Organ?

Welche Qualität besitzt mein Lampenfieber – warm, kalt, feucht ...?

Wie breitet es sich aus?

Ist das ein "Fieber", das mich belebt oder beschützt?

Ist es ein "Fieber", das mich einengt oder behindert?

Literatur

1) Andreasen, N.C., Brave New Brain. Geist-Gehirn-Genom. Berlin, Heidelberg, New York: Springer 2002

2) Bauer, J., Das Gedächtnis des Körpers. Wie Beziehungen und Lebensstile unsere Gene steuern. Frankfurt: Eichborn 2002

3) Boekaerts, M., Pintrich, P.R., Zeidner, M., Handbook of Self-Regulation. London: Harcourt 1999

4) Damasio, A., The feeling of what happens: Body and Emotion in the Making of Consciousness. London: Vintage 2000

5) Flammer, A., Erfahrungen der eigenen Wirksamkeit. Einführung in die Psychologie der Kontrollmeinung. Bern, Stuttgart, Toronto: Huber 1990

6) Greenberg, J.S., Comprehensive Stress Management. 3. Aufl., University of Maryland: Wm. C. Brown Publishers 1990

7) Hüther, G., Der Traum vom stressfreien Leben. Spektrum der Wissenschaft. Dossier 3, 1999, S. 6-11

8) Kirschbaum, C., Pirke, K., Hellhammer, D., The Trier Social Stress Test. Neuropsychobiologie 28, 1993, S. 76-81

9) Klöppel, R., Das Gesundheitsbuch für Musiker. Anatomie, berufsspezifische Erkrankungen, Prävention und Therapie. Kassel: Bosse 2003

10) Liebelt, P., Schröder, H., Prävention und Intervention der Podiumsangst – Aufbau und Evaluation eines psychologischen Gruppenprogramms. Musikphysiologie und Musikermedizin 1, 1999, S. 7-13

11) Mantel, G., Mut zum Lampenfieber. Mainz: Schott 2003

12) Meaney, M., Nature, nurture and the disunity of knowledge. Annals of the New York Academy of Sciences 935, 2001, S. 491-497

13) Metzig, W., Schuster, M., Prüfungsangst und Lampenfieber. Bewertungssituationen vorbereiten und meistern. Berlin, Heidelberg: Springer 1998

14) Möller, H., Lampenfieber und Aufführungsängste sind nicht dasselbe! In: Üben & Musizieren 5/99 S.13-19

15) Mornell, A., Lampenfieber und Angst bei ausübenden Musikern. Schriften zur Musikpsychologie und Musikästhetik. (14). Frankfurt: Europäischer Verlag der Wissenschaften 2002

16) Seidel, E., Höpfner, R., Lange, E., Vergleichende Studie zu klinisch relevanten Belastungsfaktoren bei Musikstudenten und Berufsmusikern. Musikphysiologie und Musikermedizin 4, 1999, S. 115-119

17) Spitzer, M., Selbstbestimmen. Gehirnforschung und die Frage: Was sollen wir tun? 1. Aufl. Heidelberg, Berlin: Spektrum Akademischer Verlag 2004

18) Tabbert-Haugg, C., Alptraum Prüfung. Gestörtes Prüfungsverhalten als Ausdruck von Schwellenängsten und Entwicklungskrisen. Leben lernen 158. Stuttgart: Pfeiffer bei Klett-Cotta 2003

19) Tarr, I., Vom Lampenfieber zur kreativen Energie. Ursachen, Wirkung, Therapie. Neu überarb. Ausgabe des 1993 erschienenen Titels "Lampenfieber. Ursachen, Wirkung, Therapie", Stuttgart: Kreuz 2003

20) Wilson, G., Psychology for performing artists. London, Philadelphia: Whurr 2002

Wie entsteht Lampenfieber?

Bewertungsangst als zentrale Triebfeder

Die Fähigkeit, Angst zu erleben, ist ein Urphänomen und gehört zu unserer biologischen Grundausstattung. Für die Höhlenmenschen vor Tausenden von Jahren war es die Angst vor dem nächsten Bären, der einen anfallen und fressen könnte, oder die Angst vor dem kriegerischen Nachbarn, der einen überfallen und umbringen könnte, weil er das kostbare Vieh oder die Frau rauben wollte. Angst hatte eine lebenserhaltende Funktion: Sie mobilisierte Kräfte, damit wir fliehen und das Bedrohliche abwehren konnten. Bei Angst wurden – und werden – schnelle Reaktionsformen in bedrohlichen Situationen möglich und zusätzliche Energien bereitgestellt. Angst ist auch eine der wichtigsten Voraussetzungen von Wachstum und Lernen. Sie ist eine Erfahrung, die "unter die Haut geht" und dort als Signal Zellen verändert und neue Synapsen bildet. Vergleichbar ist dieser Vorgang mit dem Fieber, das unsere Abwehrkräfte mobilisiert.[3) 4)]

Die Wertschätzung durch andere Menschen bzw. die Angst davor, diese Wertschätzung zu verlieren, ist für uns heute so zentral, dass wir die im Körper entwicklungsgeschichtlich alten Systeme benutzen, um auf die Gefahr des Verlustes und die Bedrohung mitmenschlicher Beziehungen zu antworten.[2)] Die Gefahren, die heute zu einer Neuauflage der Reaktionen unserer Vorfahren führen, erleben wir beim mobbenden Kollegen, unzufriedenen Chef, fordernden Prüfer, kritischen Hörer und im drohenden Verlust der Wertschätzung und Anerkennung in der sozialen Gruppe. Wenn uns der Rang in unserer sozialen Gruppe streitig gemacht wird oder durch Verlust bedroht ist, greifen wir auf uralte körperliche "Fossilien" zurück:

- Flucht ("Nichts wie weg"),
- Angriff ("Den Gegner vertreiben, zuschlagen, kämpfen"),
- Niederlage oder Hilflosigkeit ("In Deckung gehen, warten und ruhig bleiben, bis die Luft wieder rein ist").

Das bedeutet nicht, dass wir wie die Paviane darum kämpfen, als Alphatiere in einer Gruppe den höchsten Rang einzunehmen. Es geht in unseren sozialen Beziehungen nicht einfach nur um Macht. Wir wollen unsere Geschicke auch selbst lenken. Stress entsteht immer dann, wenn wir eine Situation als unkontrollierbar empfinden. Autonomie ist einer der wichtigsten Gesundheitsfaktoren.[1)] Stress – und somit auch Lampenfieber – entsteht dann, wenn wir uns einer Situation hilflos ausgeliefert fühlen, wenn wir eben nicht autonom handeln können. Welche Situation wir dabei für unser Selbst als bedrohlich und nicht kontrollierbar empfinden, ist höchst individuell und unterschiedlich. Diese Unterschiede sind nur in geringem Maße genetisch bedingt, den weitaus größten Teil macht unser individuelles Bewertungsschema aus, das im emotionalen Bereich unseres Gedächtnisses gespeichert ist.[8)]

Entscheidend ist also nicht die objektive Situation, sondern unsere subjektive Bewertung. Wie die Bewertung ausfällt, hängt von Vorerfahrungen ab. Aktuelle Situationen werden als bedrohlich und alarmierend eingeschätzt, wenn sie früheren Erfahrungen ähneln – obwohl sie vielleicht gar nicht gefährlich sind. Vergangene Pleiten, Pech und Pannen können großes Gewicht bekommen – wie beispielsweise Erfahrungen von Situationen, die nicht zu bewältigen waren, bei denen man scheiterte, keine Hilfe erhielt oder von Bezugspersonen herabgesetzt wurde. Unsere Lebensgeschichte wird damit zu einem maßgeblichen Faktor, der darüber bestimmt, wann, wie und in welchen Situationen wir Lampenfieber erleben.

Wer gewöhnt ist, nur in Kategorien von Erfolg, Sieg, Niederlage oder Versagen zu leben, hat es besonders schwer, seine Bewertungsangst abzubauen.[7)] Für ihn ist es beängstigend, wenn er die Kontrolle in irgendeinem Bereich nicht aufrechterhalten kann oder wenn er an sich nicht an Normen messen und beweisen kann. Die Wurzeln für den "psychosozialen Dauerstress" sind vor allem biographischer Natur. Schon im Kindergarten beginnt der Kampf um Rangordnung, Punkte, Noten, Normen und setzt sich in Schule, Ausbildung und Beruf fort. Der ständige Kampf um die begrenzte Ressource "Erfolg" bzw. der Kampf gegen das Scheitern fördert die Symptome und wirkt sich vergleichbar auch im Privatleben aus. Wir fühlen uns auch dort ständig unter Erfolgsdruck und daran gemessen, "ob wir in Ordnung sind oder nicht". Die Erfolgsreligion verhindert die Fragen nach Selbsterkenntnis, nach falschen Zielen, ungeeigneten Mitteln, aber auch nach den eigenen Grenzen und Belastbarkeiten. So reproduziert sich das Lampenfieber schon früh und immer wieder von neuem und hält damit den Dauerstress in Gang, unter dem wir leiden.

Negative Konfliktgedanken bei Herausforderungen

Lampenfieber entsteht vor allem auch dann, wenn ich persönlich einen Auftritt für wichtig halte. Eine Sache, die mir gleichgültig ist, kann mich kaum in Erregung versetzen. Haben Sie schon einmal solch einem inneren Dialog gelauscht: "Ich traue mich nicht. Ich sage lieber ab. Letztes Mal haben die anderen mich sowieso nur kritisiert." Oder: "Ich habe die letzte Nacht durchgemacht, also gehe ich lieber nicht zum Interview." Oder: "Ein anderer sollte mein Solo übernehmen, mir ist einfach nicht danach." Lampenfieber tritt bevorzugt auf, wenn ich vor konkret benennbaren Situationen oder Aufgaben stehe, die für mich von hoher persönlicher Bedeutung sind, in denen ich mich bewusst für eine Veränderung meiner bisherigen Lebenssituation entscheide – v.a. Bewerbung, Prüfungen, Berufsveränderung, Wettbewerbe, Sprechen in der Öffentlichkeit. Ich kann auf diese Situationen mehr oder weniger starken Einfluss nehmen. Diese Angst vor neuen Situationen ist normaler Bestandteil jeder Veränderung. Ich brauche Mut und Entwicklung von Vertrauen in die eigenen Ressourcen, in das Umsetzen und Handeln.

Lampenfieber tritt vor allem dann auf, wenn Gefühle der Hilflosigkeit in diesen Situationen aufkommen. Diese haben ihre Ursachen in negativen Selbstgesprächen, in Konfliktgedanken, Befürchtungen, Erwartungen oder Zweifeln, die mit der gegebenen objektiven Situation wenig zu tun haben. Negative Selbstgespräche, Konfliktgedanken oder Befürchtungen sind äußerlich nicht unbedingt sichtbar. Es ist aber wichtig, dass wir sie uns bewusst machen. Bleiben sie unreflektiert, halten sie einen Zustand der Angstbereitschaft aufrecht, der sich nicht nur auf die spezifische Situation, sondern auf das gesamte Lebensgefühl auswirkt. Verändern lassen sie sich z.B. durch Erinnerungen an vergangene gelungene und bewältigte Situationen und Erfahrungen.[9)]

Die Folgen von negativen Selbstgesprächen

Stellen Sie sich folgende Situation vor: Jemand erhält eine Einladung für ein Vorstellungsgespräch. Eigentlich fühlt er sich kompetent, sogar überqualifiziert und den neuen Aufgaben durchaus gewachsen. Dennoch erscheinen sie ihm bedrohlich und kaum zu bewältigen, obwohl er bisher auf Grund seiner Gründlichkeit und Zuverlässigkeit hoch geschätzt war. Während er seine sorgfältig vorbereiteten Unterlagen überreicht, fühlt er sich wie ein Hochstapler oder Aufschneider: "Eigentlich bin ich nirgends richtig gut, viel zu beschränkt für diesen guten Job!" Könnten die anderen seine Gedanken lesen, würde er die Stelle sicherlich nicht bekommen. Glücklicherweise kann er sich gut beherrschen und sogar lächeln, aber der innere Kriegsschauplatz, der mit solchen negativen Einbildungen verbunden ist, erfordert enorme Energie, lenkt ab, macht fahrig und führt zu Anzeichen von Unsicherheit.

Seine Stimme wird flach, er verspricht sich, beginnt zu schwitzen und kann sich nicht so gut einbringen, wie es seiner Kompetenz eigentlich entspräche.

Oder eine andere Situation: Ein über die Grenzen seiner Region hinaus bekannter professioneller Trompeter soll im kleinen intimen Kreis seiner Familie ein Hauskonzert geben. Am liebsten würde er absagen, aber die Familie bittet ihn inständig, doch zu kommen. Widerwillig sagt er zu. Als er zum Spielen ansetzen will, bekommt er einen trockenen Mund, sein Ton klingt schwach. Er geht auf Nummer sicher und lässt die hohe Oktave am Schluss weg. Für ihn ist das Lampenfieber vor Menschen, die ihm nahe stehen, weit schlimmer als im Konzertsaal. Es ist bedrohlich für ihn, wenn er jedes Gesicht sehen kann und weiß, dass er diese Menschen wieder sehen muss. Im Konzertsaal, wo der Scheinwerfer nur auf ihn gerichtet und der Saal ins Dunkel getaucht ist, da macht es für ihn keinen Unterschied, ob er vor 50, 500 oder 5000 Leuten spielt.

Zweifel an der sozialen Kompetenz

Lampenfieber tritt auch auf, wenn die Befürchtung aufkommt, in Gegenwart von anderen Personen – Freunden, Kollegen, Lehrern, Vorgesetzten – zu versagen und dann von diesen abgelehnt oder "runtergemacht" zu werden.[11)] Man zweifelt an seiner sozialen Kompetenz, ob man Kontakt oder Nähe zu anderen Personen oder einem Publikum herstellen, sich durchsetzen und insgesamt sich angemessen verhalten kann. "Ich kann mich euch nicht zumuten", lautet die innere Überzeugung.

Häufig mündet diese Angst in den sozialen Rückzug, weil man sich der Begegnung und Auseinandersetzung mit anderen nicht gewachsen fühlt. Hier vermengen sich Gefühle der Hilflosigkeit, der Angst vor anderen und des Scheiterns im Umgang mit anderen Menschen. Selbstzweifel und vermiedene Selbstbehauptung begünstigen einen depressiven Prozess, der abgewendet werden kann, wenn man lernt und übt, statt "Du zuerst!" das Wort "Ich" auszusprechen. Am besten in Verbindung mit "ich möchte", "ich wünsche", "ich will".

Soziale Kompetenz als Primärdimension der Erwachsenenpersönlichkeit

"Soziale Kompetenz" ist ein Sammelbegriff für solche Wissensbestandteile, Fähigkeiten und Fertigkeiten einer Person, die eine notwendige Voraussetzung für die Bewältigung sozialer Interaktionen darstellen. Auch wenn Einigkeit darüber besteht, dass es sich hierbei um ein multidimensionales Konstrukt handelt, existiert bislang keine empirisch hinreichend abgesicherte Taxonomie spezifischer Dimensionen (= sozialer Kompetenzen). Zu unterscheiden ist zwischen den eigentlichen Kompetenzen, also jenen zeitlich überdauernden Einflussgrößen, die im Verborgenen wirken, und einem sozial kompetenten Verhalten, welches der sichtbaren Manifestation der Kompetenzen in einer konkreten Situation entspricht.

Ein sozial kompetentes Verhalten liegt vor, wenn eine Person in einer sozialen Situation einerseits in der Lage ist, eigene Ziele weitestgehend zu verwirklichen und dabei andererseits eine soziale Akzeptanz dieses Verhaltens gewährleisten kann. Da sowohl die Ziele als auch die Ansprüche der sozialen Umwelt situativ variieren, kann ein und dasselbe Verhalten in Abhängigkeit von den aktuellen Gegebenheiten einmal als kompetent, ein andermal als inkompetent bezeichnet werden.

Ein weiterer Schritt betrifft die Verhaltensebene. Statt der gewohnten selbstbeschränkenden Körpersprache beginnt man mit kleinen Veränderungen, die den Körper weiten: guter Bodenkontakt mit beiden Füßen, aufrechte Sitzhaltung, offener Blickkontakt. Bevor man sich zeigt oder darstellt – also "Ich" sagt –, muss man sich erst einmal spüren. Das Sich-selbst-Zurücknehmen muss unterbunden, die Angst muß frei werden, die sich auf ein Leben hinter den Kulissen eingestellt hat, zum Beispiel indem man sich innerlich wappnet und einiges von dem abprallen lässt, was sonst zu tief nach innen geht. Dies kann durch Selbstsuggestion geschehen: "Ich gehe jetzt in diese Situation und rechne mit Kritik oder sogar mit Anfeindung. Das heißt noch lange nicht, dass ich unbedeutend oder unwillkommen bin. Ich lasse mich nicht aus dem Konzept bringen."

Selbstbehindernde Phantasien

Lampenfieber tritt auch bevorzugt auf, wenn man sich in Furcht erregende, panische Gedanken hineinsteigert. Auch dabei entsteht ein Gefühl von Machtlosigkeit, da man sich als Opfer der eigenen destruktiven Gedanken fühlt. Hierbei entsteht ein Gefühl von Ausgeliefertsein, da es unmöglich erscheint, Einfluss auf die eigenen Vorstellungen und Gedanken zu nehmen. Die Inhalte solch selbstbehindernder Phantasien wirken wie ein Bumerang gegen das eigene Ich. Sie haben zwanghaften Charakter und tauchen immer dann auf, wenn man sich zeigen oder exponieren möchte. Die Bewusstmachung destruktiver Gedankenmuster und deren positive, aufbauende Korrektur sind eine notwendige Voraussetzung im Kampf gegen Lampenfieber.[5)]

Häufig hängen solche negativen Vorstellungen mit Selbstüberforderung zusammen, das heißt, mit der Anforderung, keine Fehler machen zu dürfen oder gar perfekt sein zu müssen. Selbstüberforderung wird von rigiden Vorschriften und Verboten gesteuert wie beispielsweise:

- Ich muss perfekt sein
- Ich muss es allen recht machen
- Ich muss sicher bzw. stark sein
- Mir darf kein Fehler unterlaufen

Furcht erregende Gedanken

Ein Posaunist denkt daran, dass ihm sein Instrument während des Orchesterspiels aus der Hand fallen könnte. Er trainiert verbissen seine Schultermuskulatur und begibt sich zur Probe – unsicher, einsilbig und misstrauisch. Wird es passieren?

Ein anderer befürchtet, dass er bei seinem Vortrag den Faden verlieren wird. Im Geiste geht er immer wieder seinen Vortrag durch. Schon das geringste Stocken seines Gedankenflusses löst den angstbesetzten Gedanken aus, dass er einen geistigen "Computerabsturz" erleben könnte. Jedes Mal beginnt er vermehrt zu schwitzen.

Eine Studentin soll ein Referat halten. Sie kann sich kaum mehr konzentrieren, weil sie von einem "Gedankenkarussell" geplagt ist. "Wird es schief gehen? Was wird, wenn die meinen Beitrag runtermachen? Wenn die mich fertig machen? Das überstehe ich nicht."

Mit dem letzten Satz ist der Umgang mit solchen selbst gemachten Vorschriften vorgezeichnet. Gibt man sich nämlich die Erlaubnis, Fehler zu machen, so werden Fehler oft geradezu verhindert oder zumindest eingeschränkt. Dasselbe Prinzip, wohlwollende Gegenspieler ("Fehlertoleranz") auf den Plan zu rufen, finden wir in der Transaktionalen Analyse, die im Umgang mit solchen "Antreibern" von "Erlaubern" spricht.

Das Herbeiholen von "Erlaubern" lässt sich üben.[10] Als stiller Dialog könnte er so formuliert werden:

- Ich respektiere meine Grenzen
- Ich bejahe mich selbst
- Ich will lernen
- Ich bin fehlerfreundlich

Die Notwendigkeit, sich mit Auftrittsängsten auseinander zu setzen, hängt von der Häufigkeit des Auftretens, der Intensität und vor allem dem Ausmaß der Einschränkungen und Nachteile ab, die sie mit sich bringen. Letztlich sind die Inhalte der verschiedenen Lampenfiebermuster austauschbar, weil sie immer auf allen vier Ebenen ablaufen: physisch, kognitiv, emotional und behavioral. Mit den belastenden Gedanken verbunden sind unmittelbar physiologische Begleiterscheinungen, die wiederum zu Gefühlen von Hilflosigkeit, Ausgeliefertsein, Ohnmacht führen. Man beginnt, sich mit anderen zu vergleichen, denen alles scheinbar leichter fällt, die sich auf jeder Bühne zurechtfinden. Man schämt sich, weil man nicht souverän ist und sich selbst im Weg steht. Aber gerade diese negativen Gedanken verstärken die Hilflosigkeit und haben Auswirkungen auf das Selbstvertrauen und das Selbstwertgefühl.

Integrationsfragen

Gab es Situationen in der Vergangenheit, in denen ich mich trotz meines Lampenfiebers überwunden habe, aufzutreten? Wie fühlte ich mich danach? Am nächsten Tag? Heute?

Wie könnte ich auf mein Lampenfieber zugehen?

Wie Recht hat mein Lampenfieber (z.B. weil ich mich überfordere)?

Wie fehlerfreundlich bin ich?

Wie risikofreundlich bin ich?

Wie und was wäre mein Leben, wenn ich keine Risiken mehr auf mich nehmen würde?

Gibt es in meinem Leben noch Zündstoff?

Literatur

1) Antonovsky, A., Unraveling the mystery of health: How people manage stress and stay well. San Francisco: Jossey-Press 1987
2) Bauer, J., Das Gedächtnis des Körpers. Wie Beziehungen und Lebensstile unsere Gene steuern. Frankfurt: Eichborn 2002
3) Hüther, G., Bedienungsanleitung für ein menschliches Gehirn. 2. Aufl. Göttingen: Vandenhoeck & Ruprecht 2001
4) Hüther, G., Biologie der Angst. Wie aus Stress Gefühle werden. Göttingen: Vandenhoeck & Ruprecht 1997
5) Metzig, W., Schuster, M., Prüfungsangst und Lampenfieber. Bewertungssituationen vorbereiten und meistern. Berlin, Heidelberg: Springer 1998
6) Morschitzky, H., Angststörungen. Diagnostik, Erklärungsmodelle, Therapie und Selbsthilfe bei krankhafter Angst. Wien, New York: Bosworth 1998
7) Richter, H.E., Umgang mit Angst. Hamburg: Hoffmann und Campe 1992
8) Roth, G. Das Gehirn und seine Wirklichkeit. Kognitive Neurobiologie und ihre philosophischen Konsequenzen. Frankfurt: Suhrkamp 1996, 2000
9) Schacter, D.L., Wir sind Erinnerung, Gedächtnis, Persönlichkeit. Reinbek: Rowohlt 1999
10) Schlegel, L., Die Transaktionale Analyse. Tübingen, Basel 1995
11) Tarr, I., Wovor hast du Angst? Musikunterricht kann Lampenfieber erzeugen und verhindern helfen. In: Üben & Musizieren 5/03, S. 44-47

Was tun bei Lampenfieber?

Dem Lampenfieber standhalten

Angst und Vermeidungsverhalten

Nicht wenige Menschen richten es sich so ein, dass ihre Vorhaben von vornherein zum Scheitern verurteilt sind, weil sie der Angst ausweichen. Sie glauben, sich vom Wunsch, gesehen und gehört zu werden, dadurch befreien zu können, dass sie Situationen vermeiden, die angsterregend sind. Ihr Motto ist: Wenn ich mich der Auftrittssituation entziehe, dann erspare ich mir diese angsterregenden Gefühle. Aber wer ein Vorstellungsgespräch absagt, wer sich nicht zu Wort meldet oder wer sich immer in die letzten Reihen verdrückt, der "stellt sich aber selbst ein Bein", "schießt sich selbst ins Knie", "stolpert über die eigenen Füße", "gräbt sich selbst sein Grab" oder "wirft sich einen Stein in den Weg".

Wenn es nicht so häufig vorkäme, dass Menschen sich selbst behindern, hätte der Volksmund nicht so viele blumige Ausdrücke für diese Situationen.[4)] Wer Angst hat, sich vor anderen zu zeigen, und sich zurückzieht, kann sich so der Illusion hingeben, der Angst entweichen zu können oder gar ein unerkanntes Genie zu sein. Manche leben lieber mit der Illusion ihrer Größe als mit der Gewissheit ihrer Angst vor öffentlichen Auftritten. Übersehen wird dabei, dass die Vermeidung von sozialer Aktivität zur "Schrumpfung" führt, die den Lebensspielraum erheblich einschränken kann.[3)] Es gibt Menschen, die nicht mehr zu Festen, Diskussionen, Prüfungen und Veranstaltungen gehen, weil sie ihrer Angst entfliehen wollen. Sie organisieren ihr Leben so, dass sie ihren Radius immer mehr einschränken und sich der Konfrontation mit der jeweiligen angsterregenden Situation (erfolgreich) entziehen.

Nachteile des Vermeidungsverhaltens

Der Preis dieser Vermeidungshaltung ist hoch: Wer gewissen Situationen mehrmals ausweicht, für den wird jeder weitere Versuch, sich der Situation zu stellen, z.B. eine Ansprache zu halten, sich zu Wort oder zur Prüfung zu melden, immer schwieriger. Weitere Nachteile sind: Die Vermeidungshaltung verstärkt die persönlichen Hilflosigkeitsgefühle und führt dazu, dass wir allmählich das Vertrauen in uns selbst verlieren. Und sie verhindert die Erfahrung, dass die gefürchtete Situation in Wirklichkeit zu bewältigen oder weniger gefährlich ist, als wir es annehmen.

Mit dem Vermeidungsverhalten bringen wir uns um die Chance, unsere Sichtweise zu korrigieren. Wir bestätigen unsere eigene Fehleinschätzung und glauben womöglich, dass ähnliche Situationen ebenso gefährlich sind – und meiden auch diese mit der Zeit noch. Das ist der Grund, weshalb manche keine Rede mehr halten, dann sogar Gesprächsbeiträge vermeiden und zum Schluss sogar Angst haben, zu telefonieren.

Der Versuch, Lampenfieber durch Vermeidungsverhalten zu überwinden, führt in einen Teufelskreis bzw. in eine Spirale sich allmählich ausweitender Ängste. Erleichterung gibt es vielleicht kurzfristig, weil wir einer angsterregenden Situation entweichen konnten, "noch einmal davongekommen" sind. Aber langfristig tauschen wir die Angst gegen Unsicherheit, Unzufriedenheit und Unbehagen ein. Wir verlieren das Vertrauen in die eigenen Ressourcen und Kompetenzen. Löcher tiefer Stimmung tun sich auf, aus denen wir nur schwer herauskommen. Wenn das Vermeiden zur Gewohnheit wird, steigt die persönliche Misserfolgserwartung wie bei einer schleichenden Krankheit.

Kurzum: Die großen Nachteile dieser Vermeidungsstrategie sind die Aufrechterhaltung und Ausweitung der Angst. Die Hürde, das einmal begonnene Vermeidungsverhalten aufzugeben, wird immer höher.

Notwendige Konfrontation mit der eigenen Angst

Indem wir die Aufmerksamkeit auf unsere Angst lenken, werden aus bloßen Gedanken Fehlanpassungen im wirklichen Leben, nicht selten zum erheblichen Nachteil für den Betreffenden. Wenn uns keinerlei Risiko, keine über das begrenzte Gesichtsfeld hinausgehende Bewährung reizt, gibt es auch keine Herausforderung, keine Gelegenheit, Kraft oder Mut zu beweisen. Im Leben und auf der Bühne sind Handeln und Reagieren angesagt und nicht Davonlaufen. Es sei denn, die Gefahr wäre lebensbedrohlich. Angsterregende Situationen rufen danach, angegangen, bearbeitet und "verdaut" zu werden. Angstinhalte wollen überprüft, hinterfragt und korrigiert werden. Wer sich der Angst stellt, hat es vielleicht kurzfristig schwerer, kommt jedoch langfristig weiter.

Will man seine Angst entkräften und ihr den Nährboden entziehen, gibt es nur einen Weg: sich immer wieder seiner Fähigkeiten zu vergewissern, handelnd und situationsverändernd aktiv zu werden. Lenken wir also unseren Blick weg von der Angst und dem gefürchteten Misserfolg und konzentrieren uns stattdessen auf die Tatsache, dass unser Handeln wichtig ist. Wer die Erfahrung gemacht hat, sich trotz seines Lampenfiebers auf die Bühne zu wagen, wird den Gewinn an Kraft, Stolz und Selbstbewusstsein nicht mehr missen wollen.[1)]

Interessierte Neugier und Achtsamkeit

Eine Änderung des Blickwinkels bzw. eine neue Einstellung zum Lampenfieber kann eine emotional und damit auch körperlich spürbare Entspannung bewirken. Voraussetzung dafür ist eine Grundhaltung interessierter Neugier gegenüber dem, was da aus unserem Inneren aufsteigt. Diese Haltung ermöglicht uns, aus der Betroffenheit in eine engagierte Distanz zu uns selbst zu treten. Interessierte Neugier ist offen für das, was kommt, und gewährend im Sinn von Zulassen, was sich zeigen möchte. Interessierte Neugier heißt Achtsamkeit gegenüber sich selbst. Wir horchen aufmerksam nach innen, statt zu verdrängen und nicht wahrhaben zu wollen. Wenn wir aufhören, unser Lampenfieber abzuspalten, zu verleugnen oder zu bekämpfen, werden wir frei für neue Schritte auf dem Weg, uns selbst anzunehmen mit dem, was wir sind – nicht besser, als wir sind, aber auch nicht schlechter. Spezifische Fragen helfen dabei, die Selbsterkenntnis über das eigene Lampenfieberprofil und die Erfolg versprechenden Präventionsmaßnahmen zu fördern.

Fragebogen zur Selbsterkenntnis bei Lampenfieber

1) In welchen Situationen, auf welchen "Bühnen" erleben Sie Lampenfieber?
2) An welchen Körperstellen empfinden Sie Ihre Angst?
3) Was geht in Ihrem Denken vor?
4 Wie fühlen Sie sich, wenn Sie Lampenfieber haben?
5) Was drückt sich in Ihrer Sprache aus?
6) Wie reagieren Sie?
7) Was wünschen Sie sich im Hinblick auf Ihr Lampenfieber?

Zu 1) Es macht mir Lampenfieber, wenn ...
Zu 2) Körperlich verspüre ich folgende Symptome ...
Zu 3) Ich denke mir ...
Zu 4) Ich fühle mich
Zu 5) Ich spreche aus...
Zu 6) Meine Reaktionen sind
Zu 7) Ich wünsche mir

Identifizieren Sie Ihr Lampenfieberprofil und erstellen Sie schriftlich einen "Steckbrief" Ihres Lampenfiebers. Können Sie ihm einen Namen geben? Es geht darum, dass Ihr Lampenfieber seine Anonymität aufgibt und "mit der Sprache herausrückt". So wird es greifbar, begreifbar und angreifbar.

Emotionale Differenzierungsarbeit und innere Stimmen

Spurensuche und Fragen

Emotionale Differenzierungsarbeit setzt voraus, dass ich zunächst einmal bejahe, in meinem gegenwärtigen Handeln Vergangenes fortzusetzen. Da jeder Auftritt spezifisch ist – zu verschiedenen Zeiten, an verschiedenen Orten, in verschiedenen Kontexten –, muss ich Lampenfieber situativ wahrnehmen und werten. Spurensuche ist notwendig, um die verschiedenen persönlichen Lampenfieberprofile zu erkennen und zu verstehen.

Weitere hilfreiche Fragen, die ich oft erst aus dem Nachhall einer bestimmten Auftrittssituation beantworten kann, sind: Woher kenne ich diese Gefühle? Welche alten Muster wurden in der aktuellen Situation hochgeschwemmt? Wie verlaufen meine Selbstgespräche, bevor ich auftrete? Welche inneren Stimmen werden besonders hörbar?

Auch diese Fragen bieten die Möglichkeit zur vertieften Selbsterfahrung. Indem ich die inneren Monologe oder Dialoge höre oder ihnen zuzuhören beginne, bleibe ich nicht mehr ihr Opfer. Ich lerne sie kennen und damit auch, sie zu beeinflussen und zu lenken.

Meine inneren Stimmen sind stets ein Gemisch an Projektionen vergangener Erfahrungen, die sich mit neuen Eindrücken und Situationen verbinden: Habe ich beispielsweise schon früh gehört, dass ich tüchtig, langweilig, dumm oder begabt bin, so fließen diese Bewertungen in die gegenwärtige Selbsteinschätzung mehr oder weniger bewusst als Selbstdefinition mit ein.

Gelingt es, diese Projektionen zu erkennen und sie mir bewusst zu machen, so bin ich ihnen nicht mehr ausgeliefert. Ich habe Bewusstseinsarbeit zu leisten und mir klar zu werden:

Worum geht es?

Was sind alte, überholte Botschaften?

Welche neuen Alternativen habe ich?

Welche neue Antwort kann ich geben?

Wenn wir diese Fragen beantworten oder im Gespräch mit einem nahen Menschen umkreisen, verlieren diese vergangenen Botschaften ihre zwingende Kraft.

Sich selbst gut kennen, sein Leben in die Hand nehmen, sich selbst bestimmen – das ist nicht leicht. Obwohl wir wissen, dass unser Weg holprig sein wird, legen wir uns immer wieder selbst Steine in den Weg. Wer kennt nicht den Wunsch, die unablässig angstproduzierende Gedankenmaschine einfach abzustellen?

Negative Gedanken ziehen negative Gefühle nach sich. Und negative Gefühlszustände verstärken Fehlurteile und Fehlanpassung. So konditioniert man sich auf die Angst. Therapeutisch wirkt auch hier allein das Verständnis der folgenden Denkmuster und Denkfallen, die jedem mehr oder weniger leidvoll vertraut sind.

Das Verständnis ist eine notwendige Voraussetzung, um den Denkfallen zu entfliehen und das Lampenfieber zu akzeptieren.

Umdeuten bei Alles-oder-nichts-Denken

Möglicherweise ertappen Sie sich selbst immer wieder einmal dabei, wie Sie übertrieben verallgemeinern, z.B. "ich werde es nie schaffen", "alle haben mich auf dem Kieker", "mir ist nicht zu helfen", "ich kann nichts", "ich bin einfach unfähig". Die Verwendung von "nie", "alle", "immer", "jeder", "niemals" deutet auf Alles-oder-nichts-Denken hin. Wer nur in Kategorien von gut oder schlecht, schwarz oder weiß denken und sprechen kann, wer die Mitwelt entweder nur "positiv" oder nur "negativ" beurteilt, hat nicht gelernt zu differenzieren oder in Alternativen zu denken. Differenziertes Denken drückt sich eher in relativen Begriffen aus, "manchmal", "oft", "einige", oder in Nuancen "mir fällt es schwer", "ich habe noch keine Routine", "ich will dazulernen", "ich überlege", "ich empfinde", "ich fühle".

Vor und auch während eines Auftritts ist diese gedankliche Differenzierung mir selbst gegenüber bewusst mit einzubeziehen. Selbst wenn mir kleine Fehler oder Ausrutscher unterlaufen, so sind sie noch lange kein Beweis meiner Unfähigkeit. Viel eher sind sie ein Beweis der Unmöglichkeit von Perfektion und zeigen mir, dass ich auf dem richtigen Weg bin.

Soll sich die Angst mit ihrem Fluchtimpuls in ihre aktivierende, belebende Form verwandeln, so hilft diese Umdeutung, die aus einem Alles-oder-nichts-Denken eine fehlerfreundliche Herausforderung macht, die mir zeigt, wie es weitergeht. Aus Fehlern kann man lernen. Selbst das kleinste Erfolgserlebnis kann dazu beitragen, weitere Schritte leichter zu machen.

Überprüfen bei negativen Vorerfahrungen

Individuelle Vorerfahrungen sind in Nervenzell-Netzwerken unseres Großhirns und des limbischen Systems gespeichert. Je nach persönlicher Beziehungs- und Bewertungserfahrung repräsentieren diese Speicher teils gelungene Problemlösungen, teils aber auch schlechte Erfahrungen von Versagen, Niederlagen, Erlebnisse von Schmerz und Scheitern. Angstbesetzte Erfahrungen werden besonders intensiv im Mandelkern (Amygdala) des limbischen Systems eingeprägt. Leider merkt sich der Mandelkern besonders gern alles, was unangenehm und bedrohlich ist. Gerade in sozialen Situationen, beim Sprechen vor einer Gruppe, in einer Diskussion, bei Vorträgen oder in Prüfungen, können negative Erfahrungen die erste Ursache für eine spätere Ängstlichkeit sein, und zwar auch dann, wenn die Situation sich zwischenzeitlich längst verändert hat oder die neue Situation kaum Ähnlichkeit mit der vergangenen aufweist. Die Vorerfahrung mit der strengen Kindergärtnerin, dem überfordernden Vater, dem pedantischen Lehrer oder der machtbesessenen Professorin, sie alle lösen sich nicht in Luft auf. Sie fließen in die Bewertung jeder neuen Situation mit ein. Sie können jemanden total entmutigen und verunsichern, oder – wenn sie aufbauend waren – zuversichtlich und vertrauensvoll stimmen.

Wir gehen automatisch von diesen vorauseilenden Bewertungen aus und vergessen leicht, dass es auch schon andere Zusammenkünfte gab, bei denen wir uns durchaus wohl und angstfrei gefühlt haben. Eine Überprüfung jeder aktuellen Situation könnte deshalb ein ganz neues Bild ergeben: Der Kraftpunkt liegt in der Gegenwart. Jede Situation ist neu und anders. Wir müssen die vergangenen Erfahrungen als wichtige "Mitbringsel" betrachten und die Bereitschaft entwickeln, in einen Prozess des Gegenwartsbezugs einzutreten, um fehlerhafte Wahrnehmungen zu korrigieren.

Wir können aus alten Mustern ohne radikale Gegenwärtigkeit nicht fliehen. Ein Beispiel dafür ist folgendes Selbstgespräch: "Damals hatte ich viel weniger Wissen, als mir heute zur Verfügung steht. Selbst wenn mich jemand angreift oder sich lustig macht über meine politische (psychologische, theologische) Auffassung, so stehe ich heute viel sicherer da und kann mich besser verteidigen."

Konsequenzen zu Ende denken bei magischem Denken

Viele praktizieren eine Art magisches Denken. Sie stellen sich stets und sofort das Allerschlimmste vor, das jeweils passieren könnte. In ihrer lebhaften Phantasie übertreiben sie die Konsequenzen, die auf sie zukommen werden. Jeder Auftritt wird zur gefährlichen oder sogar lebensbedrohlichen Prüfung. Was immer sie nach außen produzieren, wird für sie zum Test, ob sie in Ordnung oder minderwertig sind. Ihr Reservoir an Selbstbestätigung und Selbstvertrauen ist derart dürftig, dass sie von anderen pausenlos nur das Allerschlimmste erwarten. "Der wird mich fertig machen", "sie werden mich bestimmt ablehnen", "die werden mich zerpflücken".

Viele sind regelrecht Experten im Grübeln und Sorgen über vermeintlich angstauslösende Situationen. Vielleicht glauben sie ja, dadurch Enttäuschungen oder Schicksalsschlägen vorbeugen und eine beängstigende Situation vermeiden zu können. Jedenfalls werden ihre Katastrophengedanken nicht durch eine real gegebene Gefahr hervorgerufen, sondern sie entstehen aus inneren Befürchtungen, die in ihrer Dramatik alles überragen, was tatsächlich passieren kann. Katastrophenangst ist eine gute Methode, nichts zu ändern.

Besonders vor Prüfungen neigen viele dazu, dramatisch verzerrte Phantasien zu verbreiten, die sie, durch wiederholtes Erzählen verstärkt, schließlich glauben. Wie demütigend, gnadenlos und hartherzig eine Prüfungskommission reagiert, kann man sich weitaus schlimmer ausmalen, als es normalerweise in der Realität passieren könnte. Die Irrationalität und das Pathos, mit denen solche Katastrophenphantasien und das Vertrauensdefizit verteidigt werden, machen im besten Fall hilflos, aber vor allem einsam, wenn keine Handlung stattfindet, die zur Bewältigung der Situation eingesetzt wird.[5)]

Phantasien sind nur dann sinnvoll, wenn wir nicht dabei stehen bleiben, uns das Allerschlimmste auszumalen, sondern uns dazu zwingen, weiterzudenken. Einen Katastrophengedanken zu Ende denken, könnte heißen, sich auszumalen, wie man die Katastrophe überlebt, was man tun kann. Oder einsehen, dass Katastrophen höchst selten passieren. In der Regel sind es eher unspektakuläre, alltägliche Pannen oder

Pechsträhnen, die uns widerfahren. Die meisten Dramen werden im eigenen Gehirn geschrieben. Der Nachteil dieser Denkfalle ist, dass wir uns schon vor Eintritt der Situation unnötig belasten, anspannen und deshalb gelähmt werden, statt die Situation konstruktiv zu verändern.

Beispiele für Selbstentwertungen, die bis zur Selbstverachtung führen können:

die anderen sind sowieso besser
immer, wenn mir etwas wichtig ist, versage ich
ich bin es nicht wert
ich bin unwichtig
immer ziehe ich die "Arschkarte"
ich mache alles verkehrt
ich bin hässlich, zu alt
was ich anpacke, geht schief

Solche seelische Axiome sind Ausdruck mangelnden Selbstgefühls. Offensichtlich geht es bei diesen Aussagen nicht um die Anforderungen selbst, die beunruhigen. Es sind vielmehr die pauschalen entwertenden Selbstaussagen, mit denen Menschen sich "herunter interpretieren". Wer sich fühlt, als hätte er nicht viel zu bieten, ist in seiner Handlungs- und Ausdrucksfähigkeit beeinträchtigt und braucht "seelische Aufbauarbeit". Es gibt also gewichtige Gründe für die wertschätzende Betonung der eigenen Person. Eine selbstbewusste Einschätzung von Anforderungen, Erfahrungen und Wünschen könnte zur Einsicht führen:

- Ich rechne damit, dass etwas schief gehen kann, aber ich bin auch darauf gefasst, dass es glatt geht.
- Ich arbeite daran, dass meine Prüfung (Vortrag, Konzert, Referat) glatt geht, aber meine Welt geht nicht unter, wenn etwas schief geht.

Der erste und entscheidende Schritt, der zu einer Veränderung führt, heißt deshalb: das anerkennen, was ist. Anerkennen was ist, heißt, wachsam zu sein im Zustand der Offenheit. Wenn wir real und offen sind, brauchen wir keine Dramen. Jeder Auftritt kann uns nur das geben, wofür wir eine Landefläche haben. Das gilt für das Gute wie für das Schlechte. Warum also überhaupt an Katastrophen denken?

Bewußtmachen von Selbstentwertungen

Die Einstellung, die wir uns selbst gegenüber haben, entscheidet darüber, was wir wagen, angehen, entwickeln und verwirklichen.[6)] Die Selbstbewertung bestimmt unsere Entwicklung weitaus mehr, als uns bewusst ist, und mehr als die Einschätzungen anderer, denn sie wirkt direkt auf unser Selbsterleben und die Erfahrung unserer Selbstwirksamkeit.[1)] Selbstentwertungen machen unsicher und hilflos, vor allem wenn sie automatisch ablaufen.

Wenn der Gedanke "ich schaffe es nicht" ständiger Begleiter ist, wird man ihn mit der Zeit zwar gar nicht mehr bewusst wahrnehmen, jedoch seine Konsequenzen spüren. Gedanken schaffen Fakten, – dies gilt für

Umgang mit negativen Vorstellungen: Fragenüberprüfung

Ein wichtiges Instrument zum Umgang mit negativen Vorstellungen ist die Überprüfung der Fragen:

Hat sich die Annahme bisher immer bestätigt, oder gab es Ausnahmen?

Zu welchen Konsequenzen im beruflichen oder sozialen Bereich führen meine Annahmen?

Ein Beispiel: Die Annahme "ich werde sowieso Fehler machen" könnte dazu führen, dass Sie in der Tat mehr Fehler machen. Eine Klientin, die von dieser Gedankenfolter in Schach gehalten wurde, entwickelte für sich ein hilfreiches Instrument. Zur Bewältigung ihrer Angst fragte sie: Na und ...?

Das Paradox der Fehlerfreundlichkeit wirkte bei ihr geradezu fehlervermindernd und fehlerverhindernd. Die Erlaubnis zum Fehlermachen erzeugt paradoxerweise einen entspannten Zustand, ein inneres Lächeln, das den Körper entkrampft und ihn konzentrierter und zielgerichteter arbeiten lässt.

den emotionalen Bereich von Lampenfieber. All die negativen Gedanken, die Sie über sich selbst pflegen, lähmen die Aktivität, halten den Angstpegel konstant und fördern die Angstbereitschaft. Sie tragen dazu bei, selbst harmlose Situationen wie z.B. ein Fest oder eine Essenseinladung als verunsichernd oder gar unbewältigbar zu erlebe.

Auch negative Selbstannahmen geben dem Leben Stabilität, nur hat diese einen hohen Preis: Sie verhindert Spontaneität und Flexibilität. Es gibt leichtere und gravierende gedankliche "Energiekiller". Wir erkennen die leichteren daran, dass sie uns noch einen mehr oder weniger großen Verhaltensspielraum lassen. Was lässt sich tun? Immer, wenn Sie in einem dieser negativen Gedankendreher hängen, atmen Sie tief durch und fragen Sie sich: Wo im Körper spüre ich diese negativen Gedanken? Was machen sie mit mir? Wie genau fühlen sie sich an?

Es geht darum, sich solche Vorstellungen in allen Details bewusst zu machen: Atmung, Bauchgefühl, Hautempfindung. Erkennen Sie Ihre Angst in diesen Symptomen. Kämpfen Sie nicht gegen Ihre Empfindungen an, sondern lassen Sie sie geschehen. Nehmen Sie deren Anfluten wahr und anschließend – ohne etwas dafür oder dagegen tun zu müssen – deren Abfluten. Ihre unbestimmte Angst schwindet ohne Kampf und Anstrengung, wenn Sie sie nur in Ihr Bewusstsein bringen. Das ist vermutlich eine neue und entscheidende Erfahrung.

Von der Angst zur eigenen Kraft

Lampenfieber als wertvoller Begleiter beim Auftritt

Voraussetzung für jeden Bühnenauftritt ist die sorgfältige, gründliche fachliche oder sachliche Vorbereitung. Das Wissen, nicht optimal vorbereitet zu sein, potenziert das Lampenfieber durch zusätzliche Schuldgefühle oder ein schlechtes Gewissen. Es handelt sich um adaptive, angemessene Angst, denn wir haben aus berechtigtem und selbst verursachtem Grund diese Angst. Aber auch bei gründlichster Vorbereitung verschwindet nicht automatisch das Lampenfieber. Es wird allerdings dann ein ganz "normaler Begleiter" sein und einiges von seinen leistungshemmenden Wirkungen verloren haben. Wenn diese negativen Wirkungen abnehmen, verliert das Lampenfieber seine Unberechenbarkeit. Die Angst verwandelt sich in Erregung.

Lampenfieber hängt ganz entscheidend davon ab, wie ich zu meiner Angst und Hilflosigkeit stehe. Eine wichtige Veränderung des Denkens beginnt bereits damit, dass wir nicht mehr davon ausgehen, dass die Gefühle von Angst und Erregung um jeden Preis abgestellt werden müssen. Und: Ein bewusster Umgang mit Lampenfieber bedeutet, die eigenen Gefühle als Aufforderung zur Veränderung zu verstehen. Zunächst muss man davon ausgehen, dass Lampenfieber einfach da ist. Es ist weder möglich noch wünschenswert, es abzustellen, denn Lampenfieber ist ein wertvoller Begleiter, der unseren Körper mit Energie, Intensität und Spannung für unseren Auftritt versorgt.

Jemand, der ohne jegliche Spannung auftritt, würde wahrscheinlich kaum Begeisterung, Spannkraft und Intensität ausstrahlen – drei Eigenschaften, die auf der Bühne unabdingbar sind. Die anderen würden sich auch betrogen oder zumindest nicht genügend respektiert vorkommen, wenn wir uns gleichgültig oder allzu lässig zeigten.

In Form von Erregung gibt uns Lampenfieber die Spannung, die wir auf der Bühne brauchen, sei es eine Rede, eine Präsentation, ein Theaterstück oder ein Konzert. Außerdem schützt es uns, weil es uns mit Extra-Energie versorgt, die uns unterstützt, eine Sache von der Vorbereitung bis zum Ende durchzustehen. Mehr noch: Es ist wie ein Spiegel, der uns zeigt, wo die Bereiche liegen, in denen wir noch hinzuzulernen haben. Es ist eine Aufforderung zur Kurskorrektur unseres Lebens.

Stellen Sie sich vor, was passieren würde, wenn Sie Ihre Lampenfiebergefühle tatsächlich so annähmen, wie sie sind? Und darüber hinaus noch bewusst Situationen aufsuchten, die angstbesetzt sind. Der Gegenpol zu Lampenfieber bedeutet also nicht Rückzug, sondern in die Handlung, in die Kraft gehen. Schwäche zeigt sich nur, wenn wir vor der Angst fliehen. Lampenfieber ist ein Signal, das zum Handeln auffordert. Um mich selbst kennen zu lernen, muss ich handeln.

Die innere Betroffenheit und Wichtigkeit, die ich einem Auftritt beimesse, ist die unabdingbare Voraussetzung, um neue Bewältigungsmöglichkeiten zu erkunden. Dazu braucht es eine wichtige Eigenschaft: nämlich Mut. Mut könnte sich darin äußern, dass wir bewusst angstbesetzte Situationen aufsuchen und statt auszuweichen, lernen, mit dem Lampenfieber zu leben, es zu akzeptieren und damit umzugehen. Die bewusste Begegnung mit angstbesetzten Auftrittssituationen fördert somit mein Wachstum und ermöglicht neue Lernschritte.

Die Wellenform des Lampenfiebers nutzen

Eine weitere Erkenntnis hängt mit der Tatsache zusammen, dass Lampenfieber in Wellen oder Rhythmen verläuft, die bei jedem unterschiedlich ausfallen. Bei manchen erreicht es seinen Höhepunkt direkt vor einem Auftritt und verschwindet nach der ersten Kontaktaufnahme oder den ersten Sätzen. Andere wiederum sind schon Tage vor einem Ereignis nervös und unruhig oder werden vor allem während eines

Integrationsfragen:

In welchen Bereichen denke ich "schwarz oder weiß", "alles oder nichts"?

Was sind meine Lieblingsaussagen?

Beruhen meine Selbstbewertungen auf realistischen Annahmen?

Welche hinderliche Annahme würde ich gern loswerden?

Wie würde mein Leben ohne meine negativen Selbstannahmen aussehen?

In welchen Bereichen könnte ich mein Katastrophendenken durch ein nüchternes und konstruktives Denken ersetzen?

Gibt es Gründe, für die es sich in meinem Leben lohnen würde, mein Vermeidungsverhalten aufzugeben?

Wie könnte ich anfangen, das zu tun, wovor ich mich ängstige?

Auftritts plötzlich von kleinen Lampenfieberattacken überfallen. Andere wiederum brauchen einen bestimmten Erregungspegel, um sich auf der Bühne wohl zu fühlen. Nur diejenigen Prüfungskandidaten beispielsweise sind zu Hochleistungen in der Lage, deren Erregungspegel sich vor und während des Auftritts auf dem richtigen Level befindet.

Das Wissen um die Wellenform von Lampenfieber ist erleichternd und beruhigend. So haben auch Sie einen Rhythmus, ein Kommen und Gehen, die dazu führen, dass sich die eigenen Gefühlszustände immer wieder verändern. Nichts bleibt, wie es gerade ist. Jedes Gefühl, auch die schlimmste Angst, die aufsteigt, flaut wieder ab. Wenn Sie sich während eines Auftritts daran erinnern, werden Sie die Fähigkeit entwickeln, auch unangenehme Gefühlszustände auszuhalten und sie nicht mehr als so bedrohlich zu empfinden.

Wie der Mut gehört auch die Angst zum ganzheitlichen Erleben Ihres Auftritts. Es ist die Chance und Aufgabe, diese Wellenbewegung der Gefühle anzuerkennen. Es gibt die körperliche Gewissheit, dass die Angstgefühle irgendwann aufhören und sich eine beruhigende Wirkung im Körper, im Denken und im Fühlen einstellt.

LITERATUR

1) Flammer, A., Erfahrungen der eigenen Wirksamkeit. Einführung in die Psychologie der Kontrollmeinung. Bern, Stuttgart, Toronto: Huber 1990
2) Mummendey, H.D., Psychologie der Selbstdarstellung. Hogrefe: Göttingen 1995
3) Seligman, M.E.P., Erlernte Hilflosigkeit. München: Urban & Schwarzenberg 1986
4) Spitzer, M., Selbstbestimmen. Gehirnforschung und die Frage: Was sollen wir tun? 1. Aufl. Heidelberg, Berlin: Spektrum Akademischer Verlag 2004
5) Tabbert-Haugg, C., Alptraum Prüfung. Gestörtes Prüfungsverhalten als Ausdruck von Schwellenängsten und Entwicklungskrisen. Leben lernen 158. Stuttgart: Pfeiffer bei Klett-Cotta 2003
6) Tarr Krüger, I., Die magische Kraft der Beachtung. Sehen und gesehen werden. Freiburg: Herder 2001

Alltag als Übung

Alltägliche Auseinandersetzung

Verbesserung der Selbstwahrnehmung

Es gibt keine schnell und garantiert wirkenden Tipps, Tricks oder Rezepte zur Überwindung von Lampenfieber. Angst gehört zur biologischen Grundausstattung des Menschen. Deswegen sind Buchtitel wie "Nie wieder nervös" oder "Auftreten ohne Lampenfieber" irreführend und auch schädlich. Solche Versprechungen wecken die Illusion, Lampenfieber, Angst, Persönlichkeitsprobleme seien mühelos korrigierbar. Es lassen sich sicherlich Verhaltensweisen und Auftreten relativ schnell korrigieren und unsere "Fassaden polieren". Die Wurzeln der Auftrittsangst bleiben aber unberührt.

Grundlegende Veränderungen des Auftritts- oder Bühnenverhaltens sind immer mit einer "Arbeit an der eigenen Person" verbunden. Die Lösung heißt nicht Optimierung von Wirkung, sondern Verbesserung der Selbstwahrnehmung durch Auseinandersetzung mit dem eigenen Selbstkonzept. Damit die Auseinandersetzung mit seinem Lampenfieber mehr bewirkt als nur eine Erste-Hilfe-Maßnahme, deren kurzfristiger Wert keineswegs geschmälert werden soll, müssen die Übungen aber auf eine langfristige "Selbstaufklärung" abgestellt werden.

Die eigene Lebenslage muss neu betrachtet werden, um zum Entschluss und zur Entscheidung zu kommen, "etwas Neues für sich zu tun". Es werden grundlegende Fragen aufgeworfen, die für Menschen, die sich mit ihrem Lampenfieber auseinander setzen, durchaus neu sind, wie z.B.: "Wer bin ich?" "Wie kann ich wissen, wer ich bin, was ich will und wohin ich will?"

Wissen über mich selbst, über "mein Selbst", gewinne ich, wenn ich

- mich bemühe, meine unterschiedlichen Seiten und meinen persönlichen Hintergrund mehr und mehr kennen und verstehen zu lernen,
- mein Denken, Fühlen, Wollen und Handeln differenziert zu erfassen suche.

Ganzheitliche Selbstschulung

Die alltägliche Auseinandersetzung mit meinem Selbstkonzept ist somit nicht nur Bedingung für ein sicheres öffentliches Auftreten, sondern auch eine ganzheitliche Selbstschulung, die sich auf viele andere Bereiche des täglichen Lebens positiv auswirken kann – von der Vertiefung der Wahrnehmungsfähigkeit, der Konzentrationsfähigkeit bis hin zum Erleben von Durchlässigkeit und "flow". Die üblichen individuellen Strategien bei Lampenfieber sind meist auf den Kampf gegen die allmählich aufkommende Angst kurz vor einem absehbaren öffentlichen Auftritt beschränkt.

Oft wird der Zeitpunkt des "Kampfes mit sich selbst" in die Zukunft verlegt: "Es hat ja noch Zeit, bis der nächste Auftritt kommt. Dann werde ich mich bestimmt damit beschäftigen." Solche Aufschiebestrategien führen mit Sicherheit nicht zum gewünschten Erfolg der Persönlichkeitsveränderung, sondern eher zur Steigerung von Unsicherheit.

Nicht die Angst ist der Fehler in unserem System, sondern unsere Einstellung zu ihr. Statt dagegen anzukämpfen oder zu fliehen, müssen wir sie als Botschaft einer inneren Grenzsituation annehmen, die uns auffordert: Geh weiter! Ziel ist es nicht, "keine Angst mehr zu haben", sondern vielmehr die Angst bewusst zu erleben, zu prüfen, ob sie berechtigt ist, und entsprechend zu handeln. Kleine Schritte sind dabei besser als große Vorsätze.

Deswegen führe ich Sie nun in kleinen, nachvollziehbaren Schritten in einen Prozess, der Sie zunehmend mit Ihrer inneren Stärke vertraut macht. Damit Sie sich auch in wichtigen oder schwierigen Auftrittssituationen nicht mehr ausgeliefert fühlen, gehe ich von einer langfristigen Vorbereitung aus.

Es handelt sich bei meinen Übungen nicht um Crash-Methoden oder Schnellverfahren, sondern um gezielte Schritte, die auf eine Veränderung der Selbstwahrnehmung und inneren Sicherheit und damit Ihrer Persönlichkeit ausgerichtet sind.

Drei Schritte zur Veränderung

Mein Ansatz ist in gleicher Weise auf Ihre innere Haltung wie auf Ihr Verhalten gerichtet. Die Veränderung soll in drei Schritten geschehen: zuerst "Heraus aus alten Mustern", dann "Begegnung mit der Angst", dann "Zu sich selbst finden".

Diese Leitlinien bilden das geistige Fundament für Ihre persönlichen Entwicklungsschritte. Es beginnt bei Ihrer inneren Entscheidung für diese Schritte. Aber auch, wenn Sie sich für einen neuen Umgang mit Ihrem Lampenfieber entscheiden, wird Ihr Lampenfieber nicht weggeblasen sein. So lange Sie Risiken eingehen, wird auch Angst spürbar sein. Aber Sie werden feststellen, dass es seinen Schrecken verlieren kann. Sie müssen es akzeptieren und als völlig normalen "Begleiter" werten, so lange Sie lebendig und aktiv sind.

Die Leitlinien bzw. die drei Schritte der Veränderung lassen sich so beschreiben:

1. Schritt: Heraus aus alten Mustern – Entscheidung

Die gewünschte Veränderung soll klar beschrieben werden. Welches persönliche Lampenfiebermuster oder welche Haltung bzw. Eigenart möchte ich bearbeiten? Sie müssen sich entscheiden, ob Sie einen Schritt vorwärts wagen.

2. Schritt: In die Angst – Begegnung

Die Begegnung mit dem Lampenfieber ist wie ein Spiegel. Wir werden mit unseren Schattenseiten konfrontiert. Die Tore zu neuen Erfahrungen gehen auf, wenn wir die Angst so annehmen, wie sie ist, und darüber hinaus bereit sind, uns bewusst auf Situationen einzulassen, die bisher von der Angst besetzt waren. Wichtig dabei ist, dass Sie nur eine Sache auf einmal angehen. Oft zieht eine Veränderung auf einem bestimmten Gebiet, beispielsweise der Atmung, wie von selbst weitere günstige Veränderungen nach sich.

3. Schritt: Zu sich selbst finden – inneres Wachstum

Sie beginnen sich selbst zu entdecken. Manche Situationen sind beängstigend, aber die Angst ist Ihre Angst. Sie werden ausweichen wollen, aber es gibt kein Entkommen vor sich selbst. Erst, wenn Sie zu Ihrer Angst stehen, haben Sie festen Boden gefunden, auf dem Sie wachsen und reifen können. Ihr selbst gewähltes Ziel muss klar definiert werden. Welche Eigenschaften – z.B. Gelassenheit, Vertrauen, wie, wozu, wann – möchte ich entwickeln und fördern?

Langfristige Vorbereitung

Ich erfasse mit meinem Therapie- und Beratungsansatz die Person mit Lampenfieber ganzheitlich und in ihrer vollen Realität. Wenn ich schwerpunktmäßig mit Übungen für den Körper, den Leib, beginne, so wird damit die seelisch-geistige Dimension keineswegs ausgeblendet.

Der Zugang über den Leib ist keine Eingrenzung. Er bedeutet vielmehr, an der Basis anzusetzen. Ein lebendiger Körper ist die Grundlage unseres Denkens, Sprechens, Fühlens und Handelns. Leib, Seele und Geist sind untrennbar miteinander verbunden. Viktor von Weizsäcker brachte diesen Zusammenhang so auf den Punkt: "Nichts Leibliches ist ohne Sinn und nichts Seelisches ohne Leib."

Ich möchte Ihnen einige grundsätzliche Übungen vorstellen, die Sie in Ihren Alltag einbauen können. Sie sollten Ihnen "in Fleisch und Blut" übergehen. Was in Fleisch und Blut übergegangen ist, beeinflusst nicht nur das eigene Wollen und Handeln, sondern auch inneres, emotionales, vegetatives Geschehen bis hin zu veränderten neuronalen Bahnungen und zur Regulierung der Funktionen von Neurotransmittern und Neuromodulatoren. Wenn es Ihnen gelingt, dieses grundlegende, langfristige Übungsprogramm für eine bestimmte Zeit jeden Tag in Ihr Leben einzubauen, dann werden Sie, wie ich das bei meinen Klienten feststellen konnte, nicht nur eine Neubewertung Ihrer Angst, sondern auch eine spürbare innere Festigung erfahren. Sie sind dann für den nächsten öffentlichen Auftritt gewappnet.

Bei den hier aufgeführten Übungen handelt es sich nicht um einfache Rezepte nach dem "Wenn-dann-Prinzip". Vielmehr geht es um die grundlegende Stärkung der Handlungs- und Ausdrucksfähigkeit und der kreativen Selbstdarstellung. Einige Übungen werden für Sie schwerer durchzuführen sein als andere, da dabei Ihre bisherigen Denkmuster und Gewohnheiten verändert werden müssen. Geben Sie nicht auf! Wie bei jeder Übepraxis gilt auch hier: Hauptsache, Sie fangen an zu üben. Wenn Ihnen etwas zu schwierig vorkommt, gehen Sie zu Übungen über, die Ihnen leichter fallen. Wichtig ist das Erfolgserlebnis. Es wird Sie zum Weitermachen ermutigen und dazu, sich an anspruchsvollere Übungen heranzuwagen.

Das Verstehen der Übungen ist nur der erste Schritt. Sie müssen praktisch erprobt und ausgeführt werden, damit sich Veränderungen einstellen und der Veränderungsprozess sich auch in Ihren neuronalen Bahnen verankern und zu positiven persönlichen Erfahrungen führen kann. Wenn das Üben zur Gewohnheit geworden ist, hilft schon das Erinnern an bestimmte Übungen bei der Aktivierung unbewusster Potentiale.

Wichtig ist vor allem, dass Sie im angstfreien Zustand immer wieder üben. Als Faustregel gilt: Jede Übung, die ich mindestens einen Monat lang täglich gemacht habe, geht als Gewohnheit in meinen geistigen Besitz über, wird abrufbar. Nur durch wiederholtes Üben für mindestens einen Monat ist das neu Erlernte auch im Ernstfall verfügbar.

Den Körper spüren lernen

Achtsamkeit für die Atmung wecken

Die langfristige Vorbereitung für einen öffentlichen Auftritt beginnt an der Schnittstelle zwischen Leib und Seele: mit der Atmung. Was ich üben kann, ist die Achtsamkeit auf den Atem. Wie stimme ich meinen Körper auf die richtige Atmung ein? Wie lassen sich Angstzustände wirksam über den Atem beeinflussen? Wie kann ich meine Gedanken über den Atem positiv beeinflussen? Und, nie vergessen: Atemübungen sind Ausatemübungen!

Atmung und Gefühle

"Erst mal tief durchatmen", ist das erste und einfachste angstlösende Mittel, das uns zur Verfügung steht. Die Atmung steht in enger Wechselwirkung zu unseren Gefühlen. Unser seelisches Befinden drückt sich unmittelbar in der Atmung aus. Regelmäßiges, langsames Atmen führt zur Entspannung – und umgekehrt führt schnelles und unregelmäßiges Atmen zur Anspannung.[1)] "Falsches" Atmen verstärkt das Lampenfieber. Entweder weil es zu flach ist, was das chemische Verhältnis von Kohlendioxyd und Sauerstoff im Blut stört und zu Sauerstoffarmut führt. Die Folgen sind innere Erregung, Anspannung und weiche Knien. Oder weil es zu heftig und hastig ist (Hyperventilation), was zu Unwohlsein bis hin zu Übelkeit und Panik führen kann. Auch der stockende Atem wird sprichwörtlich mit Angst in Verbindung gebracht, wenn es heißt: "Vor Schreck bleibt ihm der Atem stehen." Die gestörte Atmung wird häufig nicht erkannt, nur die lähmende Angst erreicht das Bewusstsein und stört wiederum die Atmung, was in einen Teufelskreis mündet.

Wie atmen Sie, wenn Sie Lampenfieber haben?

Testen Sie es: Stellen Sie sich eine spezifische Auftrittssituation vor, und beobachten Sie dabei Ihren Atem.

Atmen Sie gleichmäßig, oberflächlich, schnell, saugend, schnappend oder ruckartig?

Nehmen Sie kurze oder lange Atemzüge?

Atmen Sie mehr Luft ein als aus?

Die Atmung kann man nicht üben. Sie ist immer da, sogar im Schlaf. Was sich aber üben lässt, ist die Achtsamkeit für den Atem. Es gibt einen fließenden Übergang zwischen dem bewussten Atmen und dem beobachtenden Geschehenlassen. Wenn Sie kurz vor einer Rede aufgeregt sind und Ihren Atem willentlich verlangsamen, dann ist das eine aktive Handlung. Sind Sie aber ruhig und üben sich in Achtsamkeit, dann werden Sie gewahr, dass der Atem von allein fließt … ohne aktives Zutun. Dieser Schritt vom Tun zum Geschehenlassen ist letztlich Sinn und Zweck jeder Atemübung.

Vollständige Atmung

Die *"vollständige Atmung"* ist eines der wirksamsten Mittel, um den inneren Schwerpunkt im Körper zu finden und Ruhe und Konzentration herbeizuführen.[2)] Wichtig ist, dass die Atmung nicht manipuliert oder erzwungen wird.

Es geht darum, die Atmung in der beschriebenen Weise geschehen zu lassen. Am besten üben Sie zu Beginn morgens und abends etwa drei Minuten. Mit der Zeit wird die vollständige Atmung zur selbstverständlichen Gewohnheit.

Übung "Vollständige Atmung"

Die "vollständige Atmung" sollte im Sitzen, im Liegen und im Stehen ausgeführt werden, bis sie zur selbstverständlichen Gewohnheit geworden ist. Setzen Sie sich bequem in aufrechter Haltung auf einen Stuhl oder Hocker. Entspannen Sie den Brustkorb und die Schultern und nehmen Sie Ihre Ausatmung wahr.

Anschließend atmen Sie ganz gleichmäßig durch beide Nasenlöcher in den unteren Lungenbereich, wobei sich das Zwerchfell senkt und die Bauchwand leicht vorwölbt. Benutzen Sie die Vorstellung, dass der Atem in den Oberbauch strömt. Mit der gleichen weiteren Einatmung füllen Sie die mittleren Lungenabschnitte, wobei das Brustbein vortritt und die Rippen nach außen treten.

Und schließlich füllen Sie die oberen Lungenabschnitte, wobei sich der Unterleib etwas nach innen bewegt, um das Zwerchfell zu stützen. Der ganze Atemvorgang geschieht in einem Atemzug!

Halten Sie dann den Atem kurz an – und die Ausatmung erfolgt von unten nach oben etwas langsamer als die Einatmung und soll zu einer kurzen Entspannung der Bauchwandmuskulatur und des Brustkorbes führen. Die Entspannung nach der Ausatmung sollte etwas länger als das Innehalten nach der Einatmung dauern.

Vierdimensionales Atmen

Eine Variante zur *"vollständigen Atmung"* ist das "vierdimensionale Atmen". Die Anregung zu dieser Übung verdanke ich Hilarion Petzold.[3)]

Übung "Vierdimensionales Atmen"

Legen Sie sich mit dem Rücken auf den Boden. Spüren Sie ihn mit der gesamten Rückenfläche. Stellen Sie sich vor, dass Sie in den Boden hineinatmen. Mit jedem Atemzug senkt sich der Körper tiefer in den Boden.

Stellen Sie sich jetzt vor, dass Sie sich mit jedem Atemzug in die Breite ausdehnen. Die Flanken werden weit und immer weiter, bis Sie den Boden des Raumes in der Breite ausfüllen.

Stellen Sie sich jetzt vor, dass Sie sich mit jedem Atemzug in die Länge dehnen. Mit jedem Atemzug wird der Leib in Richtung Kopf und in Richtung Füße länger. Atmen Sie bis an die Grenzen des Raumes.

Jetzt wölbt sich der Körper mit jedem Atemzug in die Höhe. Er wird größer und dehnt sich bis zur Decke hin. Der ganze Körper dehnt sich mit jedem Atemzug in alle vier Richtungen und füllt den ganzen Raum aus.

Den Atem spüren

Die Hilfe bei akutem Lampenfieber besteht darin, einen Moment innezuhalten und das Bewusstsein auf die Bewegung der Bauchdecke zu führen und den Atem zu spüren.

Diese Maßnahme ist im Prinzip so einfach, dass ich immer wieder erstaunt bin, wie häufig das natürliche Atmen bei Menschen in Vergessenheit geraten ist.

Übung "Den Atem spüren"

Im Stehen legt man beide Hände übereinander auf die Bauchdecke. Der Atemrhythmus wird wahrgenommen. Die Hände werden langsam bis an die Beckenränder auseinander gezogen. Der Atem wird im gesamten Bauchraum gespürt.

Die Hände werden noch weiter zur Seite gezogen, liegen auf den Flanken und dehnen sich nach hinten, bis sich die Fingerspitzen auf der Wirbelsäule berühren. Die Hände liegen in Höhe der Nieren und nehmen den Atem wahr.

Eine Hand bleibt auf dem Rücken, während die andere Hand wieder auf den Bauch gelegt wird. Die Atemausdehnung wird im ganzen Bauchraum gespürt.

Hör-Dich-Atmung

Hilfreich kann bei Lampenfieber als Vorbereitung auch sein, aufmerksam seinem Atem zuzuhören *(darum: Hör-Dich-Atmung)*.

Übung "Hör-Dich-Atmung"

Mit geschlossenen Augen beginnen Sie still zu werden, sich bewusst zu werden und aufmerksam Ihrem Atem zu lauschen.

Langsam beginnen Sie, den Atem zu erspüren, durch den Körper fließen zu lassen und in die einzelnen Körperpartien zu schicken.

Dann lassen Sie Ihren Atem von einem beliebigen Ton begleiten. Plötzlich können Geräusche aus dem Bauch auftauchen – ein Wohlbehagen, Stimmigkeit, die Ihren ganzen Körper umfasst.

Sie bekommen das Gefühl, bei sich "einzukehren", bei Ihren Gefühlen, bei Ihrem "zweiten Gehirn im Bauch", vor allem, wenn Sie es bisher gewohnt waren, Ihr Leben mit dem Kopf zu meistern.

Gähnen und Seufzen

Gähnen und Seufzen sind Varianten zur *"Hör-dich-Atmung".* Gähnen ist eine reflektorische Atembewegung, die zu einem Ausgleich zwischen Kohlendioxyd und Sauerstoff im Blut führt und daher körperlich entspannend wirkt. Machen Sie absichtliche Gähnversuche.

Übung "Gähnen und Seufzen"

Öffnen Sie Ihren Hals durch staunendes Gähnen. Sie werden merken, wie sich Verspannungen und Engegefühle lösen.

Oder seufzen Sie einmal ganz bewusst und absichtlich! Versuchen Sie, so tief und ausgiebig wie möglich zu seufzen. Lassen Sie mit Ihrem tiefen Seufzer all das aus sich heraus, was Sie belastet, bedrückt oder ängstigt.

Verschaffen Sie sich Erleichterung. Das tiefe Seufzen entspannt, lockert und beruhigt.

Zwei-Phasenatmung

Die Rückkoppelung vom Körper zum Atem und von der Atmung zurück in den Körper verläuft sehr direkt, deswegen lassen sich Angstzustände am wirksamsten über den Atem beeinflussen, ganz von selbst – aus dem Selbst. Ein Angstzustand, der reaktiv den Herzschlag beschleunigt – ein Symptom, das selbst wieder Angst auslösen kann – kann durch eine sanfte Regulation des Atems ausgeglichen werden. Außerdem ist die Atmung ein vorzügliches Transportmittel, vergleichbar etwa mit einer milden Form von Hypnose, um die Gedanken zu beeinflussen: sei es, um negativen Gedanken ihre Macht zu nehmen, sei es, um positive Gedanken zu erzeugen. Diese Erfahrung können in der *Zwei-Phasenatmung* machen.

Übung "Zwei-Phasenatmung"

Mit dem Einatmen wird das Lampenfieber aufgerufen, mit dem Ausatmen wird die erwünschte Veränderung herbeigerufen und benannt, also z.B.:

Einatmung ***Lampenfieber*** *Pause* ***schwindet*** *Ausatmung*

Wenn Ihnen diese Übung nach einiger Zeit selbstverständlich gelingt, kann sie erweitert werden, indem die erwünschte Eigenschaft hinzugefügt wird, z.B.

aus Lampenfieber wird Mut
aus Lampenfieber wird Aufmerksamkeit
aus Lampenfieber wird Vorfreude
aus Lampenfieber wird Vertrauen

Damit sich diese Übung in Leib und Seele einprägt, sollte sie mindestens vier Wochen lang regelmäßig praktiziert werden. Sie soll in ruhiger, entspannter Umgebung ausgeführt werden, um nach ausreichender Festigung auch in Belastungssituationen verfügbar zu sein.

Nasenatmung

Grundsätzlich gilt: Tiefes Ausatmen fördert die Entspannung. Jedes Ausatmen bringt mehr Weichheit, Wärme und Wohlgefühl. Tiefe Atemzüge hingegen verspannen eher den Hals und den Nacken. Eine weitere Ausatemübung ist das *"Nasenatmen".* Diese Übung wirkt "bremsend" auf das Lampenfieber – sollte es Sie später bei einem öffentlichen Auftritt plötzlich überfallen und Sie Gefahr laufen, Ihr inneres Gleichgewicht zu verlieren. Sie gehört zu Ihrer Grundausstattung immer dann, wenn Angst hochsteigen sollte.

Übung "Nasenatmung"

Atmen Sie lange und ruhig ausschließlich durch die Nase. Damit vertiefen Sie die Einatmung und bewirken ein tiefes Einatemerlebnis.

Die tiefe, langgezogene, ruhige Ausatmung durch die Nase löst zum einen Verspannungen, zum anderen baut sie aber bei Erschlaffung auch neue Spannung auf.

Korsettatmung

Auch die *"Korsettatmung"* wirkt "bremsend" auf das Lampenfieber und gehört zu Ihrer Grundausstattung, sollte die Angst hochsteigen. Auch Männer und Frauen, denen eine Korsetterfahrung fehlt, können sich in diese Übung durchaus hineinversetzen.

Es geht darum, durch das Anspannen der Muskeln die Freisetzung von angsterregenden Substanzen (Noradrenalin, Epiphrenin) in Ihrem Körper zu verhindern – und Sie werden automatisch ruhiger. Außerdem wird die Zwerchfellmuskulatur aktiviert, Luft gelangt mit mehr Druck zu den Stimmbändern, die Stimme trägt besser.

Übung "Korsettatmung"

Spannen Sie im Sitzen oder auch Stehen Ihre Bauchmuskeln an, als ob Sie von einem Korsett zusammengezogen würden.

Spannen Sie die Bauchmuskeln am besten mit nach vorne gestreckten Händen und an die Seite gepressten Ellbogen an.

Atmen Sie nun dabei mit leicht geöffnetem Mund auf ein nicht vernehmbares "ssssssss" aus.

Entspannen Sie dann am Ende der Ausatmungsphase und lassen den Atem wieder sanft einströmen.

Atmen im Fünfertakt

Auch die Übung *"Atmen im Fünfertakt"* löst die körperliche Anspannung und hilft, Gedanken zu entwirren. Hier handelt es sich um eine milde Form der Selbsthypnose, die sowohl Körper als auch Geist in einen weiten, gelösten Zustand versetzt. Diese Form der Selbsthypnose gelingt erst nach einiger Übung. Dann aber folgt die Entspannung schnell und ist in extrem belastenden Situationen und Herausforderungen sehr wirkungsvoll.

Übung "Atmen im Fünfertakt"

Setzen Sie sich bequem nieder, schließen Sie die Augen und atmen Sie tief ein und entspannen Sie Ihre Gesichts- und Nackenmuskeln, während Sie ausatmen. Beim zweiten Atemzug entspannen Sie die Muskeln in den Armen und den Schultern.

Beim dritten Atemzug entspannen Sie die Muskeln im Brustkorb, im Bauch und im Rücken. Beim vierten Atemzug entspannen Sie die Muskeln in den Beinen und den Füßen.

Beim fünften Atemzug entspannen Sie den gesamten Körper, während Sie ausatmen. Nach einer Weile zählen Sie von zehn bis eins, ballen die Fäuste und recken sich und sagen zu sich selbst: "Ich bin völlig entspannt und wach."

Literatur

1) Middendorf, I., Der erfahrbare Atem. Paderborn: Junfermann 1984

2) Lowen, A., Pleasure. Lancer: New York 1970

3) Petzold, H., Psychotherapie & Körperdynamik. Verfahren psycho-physischer Bewegungs- und Körpertherapie. 4.Aufl. Paderborn: Junfermann 1981, S. 359)

Stimme und Sprechen stärken

Vor anderen reden kann man lernen. Wer sich zugesteht, lernen zu wollen, Vorträge, Referate oder Ansprachen zu halten, ist selbstbewusst. Wer von sich verlangt, es auf Anhieb perfekt zu können, überfordert sich. Vor anderen zu reden, sie für ein Thema zu interessieren und mit Argumenten zu überzeugen, muss geübt werden. Ähnlich wie das Erlernen eines Instruments braucht es aber Erfahrung, Disziplin und Routine.

Wie rede ich vor anderen?

Zunächst einmal geht es um die Bestandsaufnahme Ihrer eigenen Schwächen beim Sprechen. Ist es zu leise? Zu hastig? Zu undeutlich? Zu schnell? Verwenden Sie zu oft "und", "oder", "genau", "ehrlich", "hmh", "äh"? Wie ist Ihr Blickkontakt? Können Sie Blickkontakt aufnehmen und halten? Ist Ihnen bewusst, dass ihr Gegenüber Ablehnungsgefühle entwickelt, wenn Sie keinen Blickkontakt aufnehmen?

Im Gesichtsausdruck zeigt sich, ob ein Darsteller nur für sich selbst, auf Abwehr bedacht, oder für das Publikum präsent ist. Viele Menschen machen ein angespanntes Gesicht, wenn sie vor anderen reden. Dadurch wirken sie unfreundlich, obwohl sie sich nicht unfreundlich fühlen, sondern eher gehemmt. Zuschauer und Zuhörer haben ein Recht auf Ihre Freundlichkeit. Das bedeutet nicht, dass Sie ständig lächeln müssen. Aber der Schwerpunkt Ihres Ausdrucks sollte freundlich gestimmt sein. Vielleicht kennen Sie die Erfahrung, wenn Sie sich morgens vor dem Spiegel anlächeln, erhält der Tag eine freundlichere Farbe. Wenn Ihnen jemand unfreundlich begegnet, hat das einen gewaltigen Einfluss auf Ihre Stimmung. Es kann Ihnen den ganzen Tag vermiesen.

Wer vor anderen spricht, kann Freundlichkeit, Wohlwollen und Liebenswürdigkeit nicht hoch genug bewerten. Inzwischen weiß man, dass der Gesichtsausdruck die innere Stimmung beeinflusst. Wenn Sie in Ihrem

Gesichtsausdruck freundliche Empfindungen zeigen, dann verändern Sie auch Ihre innere Stimmung dementsprechend. Das hat wiederum Einfluss auf Ihr Sprechen und Ihre gesamte Haltung.

Nehmen Sie sich vor, Ihre sprachlichen Schwächen anzugehen.

Stecken Sie sich konkrete Ziele. Also z.B.: lauter sprechen oder deutlicher sprechen.

Wählen Sie ein Ziel aus, das Ihnen leicht fällt, bevor Sie zu schwierigeren Aufgaben übergehen.

Als nächstes könnte das Weglassen Ihres gewohnten "Pausenfüllwortes" stehen, z.B. "und" oder "äh" weglassen. Ein erster Schritt kann darin bestehen, Sprechpausen einmal bewusst auszuhalten, statt sie mit dem üblichen "äh" oder "und" zu füllen.

Das ist vielleicht leichter gesagt als getan, denn für viele sind Pausen auf der Bühne unangenehm oder peinlich. Dennoch ist es möglich, sich das Innehalten zu verordnen und zu üben, statt der gewohnten Füllwörter Pausen beim Sprechen einzulegen.

Veränderungsschritte für öffentliches Sprechen

Welche Maßnahmen sind geeignet, um diese Veränderungsschritte einzuleiten? Die Reihenfolge könnte so aussehen:

Deutlicher sprechen

Pausen machen, statt Füllwörter benutzen

Ein Notizbuch, in das Sie Ihr Vorhaben jeden Tag als Erinnerungshilfe eintragen, also z.B. "ich spreche deutlicher".

Schreiben, das sich dem Gedächtnis einprägt und Ihnen hilft, sich an Ihre Vorsätze zu erinnern und sie zu befolgen. Als nächstes notieren Sie beispielsweise: "Sprechpausen einlegen".

Eine andere Maßnahme ist das laute, deutliche Lesen eines frei gewählten Textes, das Sie jeden Tag zu einer selbst gewählten Zeit praktizieren. Lesen Sie sich selbst jeden Tag einige Minuten etwas vor. Übertreiben Sie Ihre deutliche Aussprache und Lautstärke. Wenn man über Jahre gewohnt war, undeutlich zu sprechen, dann ist eine übertriebene Deutlichkeit gerade deutlich genug.

Als unterstützende Maßnahme kann ein Zettel in Ihrem Geldbeutel, am Schreibtisch, in der Küche oder in der Hosentasche dienen, der Sie daran erinnert, dass Sie sich vorgenommen hatten: "deutlich sprechen", "Pausen einlegen".

Richtiges, deutliches Sprechen ist ein enormer Vorteil auf der Bühne, denn die Stimme ist ihrer Natur nach ein Verstärker der Persönlichkeit. Die Grundübung für den Aufbau einer vollen, wohltönenden Stimme ist das summende Ausatmen auf "m" und "n".[5)]

Stellen Sie sich hin und atmen Sie ganz natürlich ein, und atmen Sie auf "m" summend aus. Und nun das gleiche auf "n".

Um die Tonbildung noch resonanzreicher zu gestalten, fügen Sie dem "m" und dem "n" Vokale, Umlaute und Doppellaute hinzu, und zwar so:

mmim, mmem, mmam, mmom, mmum

mmäm, mmöm, mmüm

mmeim, mmeum, mmaum

nnin, nnen, nnan,nnun

nnän, nnön, nnün

nnein, nneun, nnaun

Wichtig ist, dass Sie das "m" und das "n" betonen und gut schwingen lassen. Wenn Sie diese Übung täglich ein paar Minuten praktizieren, werden Sie merken, dass Ihre Sprechstimme voller und wohltönender wird. Sie werden auch nicht mehr so rasch heiser.

Stimmung, Singen und Gefühle

Singen ist Atemführung verbunden mit Klang. Singen berührt wie Atmen die Schnittstelle zwischen Leib und Seele und kann langfristig zur Vorbereitung für einen öffentlichen Auftritt eingesetzt werden.[1)] Beim Singen fühlen wir die Schwingung und die Resonanz, die wir mit unserer Stimme selbst erzeugt haben. Auch der Ausdruck "Stimmung" weist darauf hin, wie die Stimme die Stimmung formt und umgekehrt, wie Stimmung sich in der Stimme ausdrückt. Wie lassen sich Angstzustände wirksam über die Stimme beeinflussen? Wie kann ich meine Gedanken über die Stimme positiv beeinflussen?

Allein schon die Konzentration auf ein paar lange Töne kann eine stabilisierende Wirkung haben und zu einem Ichgefühl, zum "Einklang mit sich selbst", führen. Denken, Fühlen und Handeln werden durch die Konzentration auf einen Ton eins. Auch hier gilt das Prinzip: Wenig ist mehr. In ein Lampenfieberritual einbezogen bekommt das Singen eine zweifache Bedeutung als physische Entspannungsmöglichkeit und als psychische Spannungsabfuhr.[2)] Als Anti-Lampenfieberübung, z.B. bei zittrigen Händen, empfehle ich die Herzschlag-Übung.

Herzschlag-Übung

Singen Sie lange Töne, mit denen sich die Stimme mühelos entfalten kann, und achten Sie dabei auf Ihren Herzschlag.

Der lang angehaltene Ton erhält eine wellenartige Bewegung.

Diese Bewegung überträgt sich auf den Körper, entspannt und erhöht gleichzeitig das Gefühl für einen selbst.

Den richtigen Grundton finden

Singen kann als "Konditionierung" von Selbstvertrauen dienen. Indem ich beispielsweise den eigenen Grundton finde, von dem aus sich die Stimme mühelos entfalten kann, und mit Selbstvertrauen in der Vorstellung verknüpfe: "Ich finde meinen Ton, also kann ich mir selbst vertrauen." [2)]

Es wirkt schon beruhigend, wenn Sie einfach einige lange Töne summen. Von Mozart weiß man, dass er beim Komponieren immer summte.

So kamen ihm die besten Ideen. Selbst wenige Minuten genügen, um Ihre Gehirnwellen zu harmonisieren, um die Atmung zu vertiefen und die Herzfrequenz zu senken. Die Folge ist eine Steigerung des Wohlbefindens und der Entspannung.

Übung "Den richtigen Grundton finden"

Sie finden den richtigen Ton, der Ihrer eigenen Physiologie am besten entspricht, wenn Sie einen Ton leise und langsam, ohne jeglichen Druck auszuüben, kommen lassen.

Beginnen Sie jeden Tag mit dieser "Urübung", mit dem Sie gewünschte Zustände von Selbstvertrauen oder Selbstbewusstsein verkoppeln.[3)]

Wer zu Atemnot oder Bronchialproblemen neigt, kann den Druck von den Bronchien nehmen und den Ausatmungsstrom bremsen, indem er die Lippen zu einem leicht hörbaren "f" formt.

Angst in der Stimme auflösen

Mit der Stimme können Ängste oder Blockierungen gezielt aufgelöst werden.[4)] Wenn wir selbst Töne produzieren, tritt ein Phänomen auf, das von dem Arzt H.R. Benson als "Entspannungsreaktion" bezeichnet wurde. Benson untersuchte die Auswirkung von Mantren auf die Physiologie und stellte fest, dass die Wiederholung eines einzigen Worts messbare Wirkung hatte: Sauerstoffverbrauch und Atemfrequenz nahmen ab, der Herzrhythmus reduzierte sich und der Stoffwechsel verlangsamte sich. Die Aktivität der Alpha-Wellen in den Hirnströmen nahm zu. Die folgende Übung soll dies nachvollziehbar machen.

Übung "Angst in der Stimme auflösen lassen"

Sie können diese Übung im Sitzen oder Stehen durchführen. Schließen Sie die Augen und intonieren Sie ein Ah oder Ou und stellen Sie sich vor, dass sich Ihre Angst in Ihre Stimme hinein auflöst. Forcieren Sie Ihre Stimme nicht und legen Sie nach etwa zwei bis drei Minuten eine Pause ein.

Denken Sie daran, dass Laute verschiedene Wirkungen haben können.

Experimentieren Sie und finden Sie den oder die Töne, die zu Ihnen passen.

Bewusstsein für Körperschwingung fördern

Zum Finden der geeigneten Töne für die Übung "Die Angst in der Stimme auflösen lassen" schlage ich eine Achtsamkeitsübung vor, die das Bewusstsein für die Schwingung im eigenen Körper fördert. Die Achtsamkeitsübung zielt darauf ab, zu spüren, wo Resonanzen im Körper stattfinden. Wichtig ist es, zu spüren, welche Gefühle die einzelnen Töne auslösen, welche Körperprozesse sie erzeugen und welche Ströme von Energie sie freisetzen.

Achtsamkeitsübung

Wenn Sie einzelne Vokale singen, dann werden Sie feststellen, dass jeder Vokal einen bestimmten Sitz im Körper hat.

Beginnen Sie mit dem Vokal "U".

Dabei können Sie beobachten, dass das Singen des "U" im Unterleib seine Resonanz hat, das "O" im Bauch, das "A" in der Brust, das "E" im Hals und der Brust, das "I" im Kopf.

In ähnlicher Weise arbeiten auch indische Gesangsschulen, die ihre Schüler oft stundenlang den gleichen Ton auf einem bestimmten Vokal singen lassen.

Beruhigung durch Mantren

In den Mantren (heilige Ur-Laute) der asiatischen Kulturen lebt heute noch eine machtvolle Tradition der Selbsterfahrung. Jeder Laut oder Klang, der zur Veränderung eines seelisch-körperlichen Zustandes führt, kann als Mantra bezeichnet werden. Voraussetzung ihrer Wirkung ist die ständige, unermüdliche Wiederholung. Die Wiederholung eines einzigen Worts hat messbare Wirkung: Sauerstoffverbrauch und Atemfrequenz nehmen ab, der Herzrhythmus reduziert sich und der Stoffwechsel verlangsamt sich. Die Aktivität der Alpha-Wellen in den Hirnströmen nimmt zu.

Das Sanskritmantra OM, das täglich von unzähligen Geistlichen, Geschäftsleuten, Athleten und Hausfrauen gesungen wird, ist nicht nur in Indien, sondern auf der ganzen Welt bekannt. Die respektvolle Äußerung dieses Urlauts wird von denen, die es seit langem üben, als äußerst hilfreich bei der Überwindung alltäglicher Schwierigkeiten empfunden.

Bei Lampenfieber hingegen sind die kurzen, silbenförmigen Mantren von besonderem Interesse. Sie können selbst Laute erfinden oder Silben wiederholen. Allein das Rezitieren von Lauten oder Silben macht aufmerksam und ist beruhigend, ob die Worte nun etwas bedeuten oder nicht. Mantren können auch gesungen werden.

Die tiefe Wirkung entfalten sie aber dort, wo wir nach innen sprechen – in der Stille. Wir wiederholen Silben oder Laute, die uns von der Tageshektik entfernen. Auf diese Weise geschieht automatisch eine Beruhigung und Vertiefung der Atmung – das wichtigste Mittel zur Verlangsamung und Zentrierung bei Lampenfieber.

Literatur

1) Buchs-Quante, U., Voice Power. Heidelberg, Kröning: Asanger 2002
2) Kia, R.A., Stimme. Spiegel meines Selbst. 2. Aufl. Braunschweig: Aurum, 1992
3) Mantel, G., Mut zum Lampenfieber. Mainz: Schott 2003
4) Silber, O.H., Klangtherapie-Weg zur inneren Harmonie. Freiburg: Herder 2003
5) Scheerer, H., Reden müsste man können. Gabal: Offenbach 1995, S. 60.

Spannung und Entspannung regulieren

Gelöste Spannung = energievolle Gelöstheit

Auch die Fähigkeit, sich richtig entspannen zu können, seinen gelösten, "normalen" Spannungszustand – Eutonie – zu finden, gehört zur Grundausstattung für den richtigen Umgang mit Lampenfieber. Entspannungs-Spannungs-Übungen bieten nicht nur die Möglichkeit zum Abbau von störenden Verspannungen, sie sind überhaupt Voraussetzung für die muskuläre und psychische Gelassenheit.[3)] Mit einem verspannten Körper hingegen können weder flüssige Gedanken noch Bewegungsabläufe erreicht werden.

Die in den meisten Publikationen erstrebte "Entspannung" oder "Lockerheit" ist auf der Bühne nicht nur illusorisch, sondern auch wenig hilfreich. Sowohl die Zuschauer oder Hörer als auch der Auftretende sind zu Beginn eines Auftritts gespannt, was nun geschieht. Es ist geradezu die Aufgabe eines Darstellers, diese Spannung herzustellen, mit ihr zu "spielen", um dem Ereignis eine gewisse Bedeutung zu verleihen. Wenn man diesen Spannungszustand bejaht und als Voraussetzung eines gelungenen Auftritts benutzt, kann man dem Lampenfieber sogar eine positive Seite abgewinnen. Für einen überzeugenden Auftritt braucht man eine "gelöste" Spannung, die weder Lockerheit, Erschlaffung noch Verspanntheit beinhaltet, sondern eine wache, energievolle Gelöstheit darstellt.

Was ist Entspannung?

Entspannung ist ein psychophysischer Zustand mit einer geringen Aktivierung, subjektiv und physiologisch besonders deutlich nach einer vorausgegangenen Anspannung, die sich unter Ruhebedingungen oder durch ak-

tive Entspannung löst. Entspannung hat verschiedene Aspekte, wobei neben dem Erleben von emotionaler, geistiger und körperlicher Beruhigung und Gelöstheit typische physiologische Veränderungen eintreten: Synchronisation, d.h. vermehrte Alphawellen in der Elektroenzephalographie, Abnahme von Herzfrequenz , Blutdruck u.a. kardiovaskulären Funktionen, Abnahme der Muskelspannung, verringerte Ausscheidung von sog. Stresshormonen (Cortisol, Adrenalin u.a.).

Die Dynamik von Anspannung und Entspannung kennzeichnet Arbeits- und Erholungsphasen in Beruf und Freizeit sowie die Tag-Nacht-Phasen. Entspannung ist von Ermüdung und Müdigkeit zu unterscheiden, da Wachheit, Aufmerksamkeit und Reaktionsleistungen nicht entscheidend beeinträchtigt sind.[1)]

Für gelöste Spannung sensibilisieren

Die Übung "Aktive Entspannung" will für eine gelöste, aktive Entspannung sensibilisieren. Nach etwa zehnmaligem Üben dieser Technik genügt eine einzige Anspannung des gesamten Körpers, um in einen tief entspannten Zustand zu gelangen. Diese Übung unterscheidet sich von anderen progressiven Entspannungstechniken durch die Einbeziehung der Vorstellung als Parallelvorgang zum An- und Entspannen.

Die einzelnen Körperteile werden also nicht nur angespannt, sondern es kommt auch die Vorstellung hinzu, wie beispielsweise der Fuß größer wird. Durch diese Verbindung von Effekten des Autogenen Trainings mit der muskulären Entspannung ist eine tief gehende Wirkung zu erreichen.

Übung "Aktive Entspannung"

Legen Sie sich auf den Rücken, die Beine etwas gespreizt. Arme neben dem Körper, Augen geschlossen.[2)]

Stellen Sie sich vor: "Ich bin ganz ruhig und entspannt."

Nun werden bestimmte Muskelgruppen angespannt und entspannt, wobei die Anspannung und die Entspannung in der Vorstellung mitvollzogen werden.

Im Rhythmus von 3-5 Sekunden geschieht das Wahrnehmen, Anspannen und Loslassen.

Beginnen Sie mit dem rechten Fuß: Spüren Sie ihn deutlich – anspannen – Spannung halten – loslassen.

Beim Loslassen stellen Sie sich vor, wie Ihr Fuß größer wird.

Ruhig nachatmen!

Dann folgen: linker Fuß, rechter Unterschenkel, linker Unterschenkel, rechter Oberschenkel, linker Oberschenkel, beide Beine zusammen, rechter Gesäßmuskel, linker Gesäßmuskel, beide Gesäßmuskeln, Bauchmuskeln, Brustmuskulatur, Schultermuskulatur, rechte Hand, linke Hand, rechter Unterarm, linker Unterarm, rechter Oberarm, linker Oberarm, beide Arme zusammen, Nacken, Gesicht und Kopf, abschließend den ganzen Körper anspannen und ruhig nachatmen.

Zu Bewegungsempfindungen Zugang bekommen

Der menschliche Körper strahlt permanent Signale aus. Mimik, Gestik, Körperhaltung und Beweglichkeit sind voller Sprache. Um diese Sprache zu lernen und zu verfeinern, müssen wir uns mit der Empfindung für unsere Muskeln, Sehnen und Gelenke befassen. Auf der Bühne, wo wir im Zentrum der Aufmerksamkeit stehen, werden die Körpersignale, die wir aussenden, verstärkt entgegengenommen. Deswegen sollte man sie nicht dem Zufall überlassen. Erst, wenn wir Zugang zu unseren Bewegungsempfindungen haben, können wir sie auch gezielt steuern. Zur Vertiefung des Körpergefühls schlage ich zunächst die grundlegenden Übungen "Sich lösen" und "Gelassen werden" zur Verbesserung der Körperwahrnehmung vor.

Übung "Sich lösen"

Setzen Sie sich auf einen Stuhl, die Hände liegen auf Ihren Oberschenkeln. Schließen Sie die Augen und lauschen Sie Ihrem Atem.

Spüren Sie, wie Ihre Muskeln müde werden, wie Sie in ein Gefühl von Schwere und Wärme eintauchen. Bleiben Sie in diesem entspannten Zustand und denken Sie "Loslassen".

Nach einer Weile nehmen Sie Ihre Entspannungshaltung wieder zurück.

Atmen Sie einige Male tief durch, ballen Sie Ihre Hände zu Fäusten und gähnen Sie herzhaft. Ihre Glieder sind jetzt gelöst und beweglich. Sie fühlen sich wach und öffnen die Augen.

Übung "Klatschnasser Schwamm"

Legen Sie sich auf eine Matte, die Arme liegen seitlich neben dem Körper, Handflächen nach unten, Beine leicht geöffnet. Augen schließen.

Stellen Sie sich vor, Ihr Körper wäre ein klatschnasser Schwamm, der das Wasser aus den Poren loswerden möchte.

Öffnen Sie gedanklich die Poren Ihrer Fußsohlen und lassen Sie das Wasser entweichen.

Wandern Sie in sämtliche Körperteile: Beine, Becken, Brust, Arme, Hände und Kopf. Sie können die Entspannungswirkung unterstützen, wenn Sie sich zusätzlich vorstellen, dass das Wasser entdampft.

Atmen Sie durch jeden Körperteil einige Male kurz und tief ein und aus.

Denken und sagen Sie innerlich: "Ich bin ganz gelöst und wach."

In einen Zustand tiefer Gelassenheit versetzen

Ein guter Muskeltonus ist ausschlaggebend für unser Wohlbefinden. Die meisten Menschen befinden sich heute in einem ständigen Spannungszustand und merken oft gar nicht mehr, dass sie in Spannung leben. Mit den nächsten Übungen erfahren Sie, wie Sie sich noch tiefer in einen Zustand der Gelassenheit versetzen können.

Übung "Gummipuppe"

Stellen Sie sich mit geschlossenen Augen vor, Sie wären eine Gummipuppe, deren Glieder mit losen Gummibändern verbunden sind.

Bewegen Sie sich mit Ihrem "Gummikörper" wie eine Schlange. Folgen Sie den Impulsen des Körpers und lassen Sie völlig los. Genießen Sie das Gefühl der Schwere.

Danach ruhen Sie ein paar Minuten und spüren nach, wie warm und geschmeidig Sie sich fühlen.

Recken und strecken Sie sich, spannen Sie Ihre Muskeln an und lösen Sie sie wieder. Öffnen Sie die Augen und strecken Sie sich noch einmal.

Nehmen Sie sich viel Zeit für die folgende Wahrnehmungsübung, bei der Sie sich ebenfalls in einen Zustand tiefer Gelassenheit versetzen können. Sie müssen nicht unbedingt die vorgeschlagene Reihenfolge einhalten, aber beobachten Sie: Wo verweile ich gern? Wo gehe ich gern wieder zurück? Bei welcher gehe ich schnell weiter?

Übung "Phantasie- und Aufmerksamkeitsreise"

Legen Sie sich auf eine Matte, die Arme liegen seitlich neben Ihrem Körper, die Beine sind leicht gespreizt. Schließen Sie die Augen und spüren Sie den Kontakt zum Boden.

Nehmen Sie Ihren linken Fuß wahr, wechseln Sie zum rechten Fuß und wandern Sie mit Ihrer Wahrnehmung in das linke Bein, Knie, Oberschenkel und Becken und dann in das rechte Bein, Knie, Oberschenkel und Becken.

Folgen Sie Ihren Phantasien, Bildern, Gedanken, die auftauchen.

Richten Sie Ihre Aufmerksamkeit nun auf Ihre Arme und Hände: linker Arm, rechter Arm, linke Hand, rechte Hand. Spüren Sie Unterschiede zwischen den beiden Seiten?

Wandern Sie mit Ihrer Wahrnehmung weiter in die Schultern, Nacken, Kopf, Stirn, Augenlider, Nase, Wangen und Mund. Beobachten Sie Ihren Atem, spüren Sie, wie Ihr Atem den Brustkorb hebt und senkt.

Lenken Sie Ihre Aufmerksamkeit in den Brustkorb, die Rippen und das Becken. Erforschen Sie Ihr Becken und gehen Sie von dort aus in den Rücken. Wandern Sie ruhig einige Male an Ihrer Wirbelsäule entlang – vom Becken bis zum Schädelrand.

Gehen Sie mit Ihrer Wahrnehmung weiter in die Gegend unterhalb des Nabels und suchen Sie von dort aus Kontakt zu Ihrem Magen, Ihrer Leber und Ihren Eingeweiden.

Literatur

1) Fahrenberg, J., Entspannung. Lexikon der Psychologie (5 Bände). Heidelberg: Spektrum Akademischer Verlag, 2000, (Band 1).
2) Petzold, H., Psychotherapie&Körpertherapie. Verfahren psycho-physischer Bewegungs- und Körpertherapie. Paderborn: Junfermann 1981, S. 344f
3) Tönnies, S., Entspannung, Suggestion, Hypnose. Heidelberg, Kröning: Asanger 2002.

Anders denken lernen

Gedanken und innere Bilder

Stellen Sie sich ein Arbeitszimmer vor, das lange nicht mehr aufgeräumt wurde. Auf dem Schreibtisch stapeln sich die Papiere, Bücher, Zeitschriften. Alles liegt durcheinander, ein sinnvolles Arbeiten ist nicht mehr möglich. Es ist "not-wendig", dass Sie erst einmal sortieren, wegräumen und einordnen. Damit vergleichbar ist es auch bei Lampenfieber nötig, dass Sie Ihre Gedanken mit Hilfe gezielter praktischer Anleitungen neu wahrnehmen und ordnen lernen. Wie Sie sich auf der Bühne verhalten, ist kein unabhängiger Automatismus, sondern immer vermittelt über Ihre Vorstellungen und Erwartungen – über Ihr Denken.

Die bewusste Wahrnehmung Ihrer Gedanken ist der Ansatzpunkt für neue Denkansätze, die ein verändertes Verhalten einleiten. Nachdem ich im ersten Teil des Buches (Stand der Forschung) die verschiedenen Denkfallen vorgestellt habe, geht es im Folgenden um die Entwicklung von Maßnahmen, die dazu beitragen, die alten Denkgewohnheiten zu durchbrechen. Die Aufgabe besteht aus zwei Schritten: Gedanken, die sich destruktiv bemerkbar machen, sind zuerst zu identifizieren und dann in positivere, aufbauende Bahnen zu lenken, so dass Sie sich auf der Bühne nicht mehr mit Gedanken auseinander setzen müssen, die Sie sabotieren.[3)]

Identifikation von destruktiven Gedanken

Eignen Sie sich bei Gedanken, die vor kleinen oder großen Auftritten in unangenehmer Form und dominant immer wieder in Ihrem Kopf kreisen und in Ihnen mehr oder weniger heftige Angstattacken auslösen, folgende "Einsichten" an:

1. *'Ihre Gedanken tragen zur Entwicklung von Lampenfieber bei.*

2. *Unangemessene Gedanken ("Denkfallen") führen zur fehlerhaften Wahrnehmung und Beurteilung von Bühnensituationen.*

3. *"Innere Feinde" können zur Gewohnheit werden und automatisch auf der "Gedankenbühne" auftreten.*

4. *Gefühle von Lampenfieber lassen sich bewältigen durch eine neue Ausrichtung der Gedanken.*

Es ist relativ leicht, über äußere Gefahren zu sprechen. Sie lassen sich in klare, sprachliche Begriffe fassen. Man kann sich mit anderen darüber austauschen. Die innere Welt der Gedanken hingegen ist sehr schwer genau zu fassen. Und die meisten können sich nur mit wenigen anderen darüber austauschen. Die in der Gedankenwelt vorhandenen, oft schwer kommunizierbaren Gedanken, die das "innere Betriebsklima" vergiften, tragen entscheidend zur Entwicklung von Lampenfieberbereitschaft bei.

Die tradierten psychologischen Typologien haben uns glauben lassen, der Mensch sei entweder rational oder emotional, chaotisch oder ordnungsliebend, ängstlich oder risikofreudig. An dieser Auffassung mag zutreffen, dass jeder über einige Denkmuster verfügt, die gern die äußere Bühne beherrschen und bühnenerprobt sind. Aber im Hintergrund der Bühne oder hinter den Kulissen gehören andere dazu: zum Teil sehr lichtscheue "Quälgeister", die Selbstabwertung, Selbstentwertung, Selbstzweifel, Skepsis und Vorwürfe verursachen. Mit dem ersten Schritt, der Identifizierung der "Quälgeister", ist schon viel gewonnen.[2)]

Der zweite Schritt besteht nun darin, sie zu integrieren und zu verwandeln, d.h. aus den negativen und positiven "inneren Stimmen", die gegeneinander, durcheinander oder nebeneinander existieren, ein Team zu bilden, das auf der Bühne kooperiert. Wie vollzieht sich diese innere gedankliche Führung? Wie kann dieser innere Vorgang – das "Mit sich selbst stimmig werden" erfolgreich gestaltet werden?

Mit sich selbst stimmig werden

Bei kleineren Auftritten, die wenig angstbesetzt sind, dauern Selbstgespräche häufig nur wenige Minuten und hören wie von selbst wieder auf, weil man wie bei den Musikern nach den ersten Tönen merkt: "Es läuft gut." Bei größeren, längerfristig angelegten "Auftrittsprojekten" dauern sie nicht nur länger, sie bedürfen auch einer bewussten Korrekturmaßnahme.

Es folgt ein Beispiel für ein Selbstgespräch einer Studentin, die ein Referat plant. Die "inneren Mitwirkenden": eine Perfektionistin (P), eine Selbstzweiflerin (S), ein Faulpelz (F).

P: Ich muss das unbedingt können.

S: Das schaffst du nie!

F: Eigentlich habe ich gar keine Lust.

P: So weit kommt es, dass du wieder kneifen willst. Du feiges Weichei!

F: Ich will nur dafür sorgen, dass du dich nicht immer so überforderst.

S: Aber ich raste fast aus, von dem Referat hängt doch alles ab.

F: Nun mal realistisch, selbst wenn es schief geht, den Kopf wird's dich schon nicht kosten. Außerdem – wie wär's, wenn ihr beide mal innehalten würdet mit eurem ewigen "Gestresse".

P: Da muss ich energisch protestieren, selbst mein Professor meinte ,"Mach bloß keine Fehler".. Heute sind die Kerle an der Uni einfach gnadenlos.

S: Außerdem fehlt mir einfach die Routine. Die anderen haben schon viel öfter Referate gehalten.

P: Du hast Recht, ich glaube, ich verlange einfach zu viel von mir.

F: Glanzleistungen kannst du dir doch für das nächste Semester aufheben. Hilf doch lieber, dass das Referat einigermaßen ordentlich ausfällt.

Alle lachen.

F. Ich glaube, ihr beide braucht mich wirklich, damit ich euch immer wieder auf den Boden bringe.

S: Meine Mutter hat mir immer gesagt, ich soll bloß nie studieren. Wie soll ich denn je sicher auf dem Boden stehen?

F: Hör auf mit deinen rührseligen alten Kamellen! Schreib dein Referat, dann kannst du weiter über deine Mutter nachdenken. Oder vielleicht lieber ins Kino gehen.

Ende des Selbstgesprächs.

Natürlich geht es auf der Bühne nicht so der Reihe nach zu. Vielleicht kommen auch nur undeutliche Gedankenfetzen, die durch den Kopf rasen. Dennoch lässt sich am Dialog ablesen, wie die einzelnen Stimmen sich um Lösungen bemühen. Sie hören einander zu, lassen sich in Frage stellen und beeindrucken, greifen ordnend und relativierend ein.

Interessant ist, dass in diesem Beispiel gerade der abgelehnte Faulpelz über die Angemessenheit der Reaktionen befindet. Er kennt den Selbstzweifler und den Perfektionisten, nimmt eine provozierende, aber wohlwollende Haltung ihnen gegenüber ein und bringt sie dazu, ihre übertriebenen Machtdemonstrationen zugunsten einer Kooperation "herunterzufahren".

Das innere Gedankenscenario strukturieren

Auf oder vor der Bühne ist es oft kein leichtes Spiel, um mit dem inneren Gedankenszenario fertig zu werden. Es gibt Empfindungen, die das Denken erschweren. Sie lassen sich in vier Grundmuster ordnen:

- Ich bin blockiert
- Ich bin gelähmt
- Ich bin verwirrt
- Ich bin überwältigt

Diese vier getrennt aufgeführten Muster können auch ineinander übergehen, so dass jemand zum Beispiel verwirrt und gleichzeitig blockiert ist. Wie lässt sich nun das innere Gedankenszenario vor einem Auftritt verändern? Ich schlage fünf Übungs- bzw. Denkschritte bzw. einen strukturierten Weg der Lösungsfindung vor.

1. Schritt: Wer spricht da?

Wie lauten die einzelnen Wortmeldungen? Wie könnte man sie unterscheiden? Ein Beispiel:

Es sind die Wortmeldungen eines Angsthasen, eines Pedanten, eines Angebers, eines Draufgängers, eines Schmeichlers, die sich voneinander unterscheiden lassen.

2. Schritt: Was sagen die einzelnen Stimmen?

Auch in der professionellen Eheberatung und beim Konfliktmanagement werden "innere" Gesprächsrunden vorgeschlagen: Jeder erhält eine bestimmte Redezeit, ohne unterbrochen zu werden und ohne

Kommentare der anderen. Es wird zugehört, bis der nächste an der Reihe ist. Ein Beispiel:

Der Angsthase: Das ist einfach zu viel Stress für mich. Ich kann schon jetzt nicht mehr durchschlafen. Wenn ich nur daran denke, kriege ich schon Herzklopfen und klamme Finger.

Der Skeptiker: Werde ich es schaffen? Habe ich mir nicht zu viel vorgenommen? Werde ich gut ankommen? Sollte ich nicht doch lieber absagen?

Was ist, wenn ...?

Der Kritiker: Du machst zu viele Fehler. Du hast dich nicht gründlich genug vorbereitet. Du wirkst zu unsicher. Das hat alles nicht "Hand und Fuß".

Der Dogmatiker: Du brauchst mehr Disziplin. Konzentrier dich! Sei nicht so verklemmt!

Der Gierige: Also, wenn du schon so viel investiert hast, dann muss auch was herausspringen. Wenn die mich schon hören wollen, dann muss der Saal auch voll sein.

Der Schüchterne: Ich traue mich nicht. Die anderen überholen mich sowieso. Ich würde mich nie so in den Vordergrund spielen wie die anderen. Ich bin eben bescheiden.

Der Neugierige: Was gibt's Neues? Ich werde mal etwas anderes ausprobieren. Ich liebe Nervenkitzel und Abenteuer. Letztes Mal ist es auch gut gegangen.

Soweit die Anhörung der "vielen Seelen in der Brust". Ich habe bewusst viele Stimmen sprechen lassen, um zu zeigen, wie diffus und facettenreich solch eine innere Gedankenlandschaft beschaffen sein kann.

3. Schritt: Wie können die einzelnen Stimmen in einen Austausch treten?

Ich demonstriere einige Ausschnitte, um zu zeigen, wie solch ein Austausch aussehen könnte:

Der Angsthase (zum Dogmatiker): Gib mir doch einen Rat wegen meiner Angst, ich kann mich schon seit drei Tagen nicht mehr konzentrieren.

Der Dogmatiker: Da gibt's nur eines. Du musst wieder anfangen zu meditieren, damit du insgesamt gelassener wirst. Außerdem solltest du nicht immer nur um den eigenen Nabel kreisen. Denk mal mehr an deine Mitmenschen, die haben viel schlimmere Probleme, vielleicht wirst du dann sogar dankbar für deine hausgemachten Sorgen.

Der Angsthase: Aber ich habe doch deutlich gesagt, dass mir das alles zu viel ist.

Der Gierige: Wie wär's, wenn du das mal durchhältst, immerhin bezahlen die doch kräftig.

Wie bei jeder guten Diskussion ist es erst einmal wichtig, dass jeder zu Wort kommen darf. Zuerst also Materialsammeln bzw. Brainstorming, dann erst Strukturierung.

4. Schritt: Wie könnten Lösungen oder Teillösungen aussehen?

Auf der Suche nach Lösungsideen stehen zu Beginn gezielte Fragen an die einzelnen Stimmen:

Frage an den Angsthasen: Welche Entlastungen bräuchtest du, um den Stress zu reduzieren?

Frage an den Dogmatiker: Gibt es einen Bereich, wo du loslassen kannst?

Frage an den Gierigen: Gibt es neben dem Geld auch eine persönliche Bereicherung, für die es sich lohnen könnte?

Frage an den Schüchternen: Gibt es Ausnahmen, Situationen, in denen du nicht schüchtern bist?

Frage an den Neugierigen: Könntest du die anderen anstecken mit deinem Mut zum Risiko?

5. Schritt: Wie komme ich zu einer stimmigen Integration?

Jetzt ist es an der Zeit, eine Reaktion zu überdenken, die die Einwürfe der verschiedenen Stimmen in sich vereinigt. Im angeführten Beispiel könnte die Integration so aussehen:

Der Angsthase muss etwas zurückstecken, dafür übernimmt der Neugierige die Führung, der vom Dogmatiker mit seiner Disziplin unterstützt wird. Und der Schüchterne "kümmert" sich um den Gierigen, indem er sich von ihm öfters mal zum Essen einladen lässt. So ist beiden geholfen: Der lichtscheue Schüchterne muss unter die Menschen, während der Gierige zum Geben motiviert wird.

Eine vollständige Einigung der verschiedenen Stimmen gelingt selten. Aber wichtiger als Einigkeit ist ein inneres Klima des Respekts und der Wertschätzung, bei dem jede der inneren Stimmen zumindest beteiligt ist und keine Stimme ausgegrenzt, verdrängt oder unterdrückt wird.

Verläuft eine innere Diskussion jemals so geordnet, wie ich sie oben dargestellt habe? In der Regel haben es Menschen vor Bühnenauftritten eher mit spontanen, ungeordneten Gedankengängen zu tun, die sich erst nachträglich in eine Ordnung und Logik bringen lassen. Dennoch scheinen mir die angegebenen Schritte in ihrer Reihenfolge eine logische Struktur wiederzugeben, nach der jeder seine eigenen Denkprozesse näher beleuchten und eine bewusste Gestaltung einleiten kann. Die äußeren Umstände einer solchen inneren Auseinandersetzung kann variieren:

- allein im stillen Kämmerlein,
- am Schreibtisch in schriftlicher Form mit dem Notizbuch,
- im Gespräch mit Freunden.

Positive Selbstaussagen und unterstützende Anweisungen

Haben Sie schon einmal darauf geachtet, wie häufig Sie sich Lampenfieberinstruktionen geben: "Ich werde immer heiser", "Mir werden die Hände zittern", "Ich verliere die Kontrolle". Solche Sätze sind Vorhersagen, die Fakten schaffen. Denn das Denken hat eine wichtige Funktion im Umgang mit Lampenfieber. Es kommt deshalb entscheidend darauf an, persönliche Instruktionen zu entwickeln, die Ihnen helfen, Bühnensituationen zu bewältigen und durchzuhalten, und anders zu denken als bisher.[1)]

Der erste Denkschritt lautet: Ich akzeptiere mein Lampenfieber. Es ist ein Teil von mir, und ich muss mich so annehmen, wie ich bin. Ich kann aber eine gedankliche Distanzierung leisten, indem ich alternative Selbstaussagen einübe. Folgende weitere Fragen können zur Erstellung sinnvoller kognitiver Alternativen beitragen:

Was bedeutet mir dieser Auftritt?

Was will ich vermitteln?

Welche Fähigkeiten, Ressourcen haben mir in der Vergangenheit geholfen?

Was erwarte ich?

Was erwarten die anderen von mir?

Was möchte ich Neues ausprobieren?

Wie könnte ich meinen Mut unterstützen?

Wie könnte ich dafür sorgen, dass mir mutige und stützende Ideen einfallen?

Welche hilfreichen Anweisungen könnte ich mir geben?

Bei diesen unterstützenden Anweisungen geht es

- um den Einsatz beruhigender Worte: "Ich kann damit fertig werden, wenn ich mir gut zurede."
- um den Aufbau möglicher positiver Selbstaussagen: "Ich traue mir etwas zu."
- um das Anführen möglicher positiver Wahrscheinlichkeiten, die eintreten könnten: "vielleicht wird es gar nicht so schlimm, wie ich befürchte."
- um die Auflockerung fixierter Gedankengänge: durch Begriffe wie "vielleicht", "möglicherweise" und Sätze wie "Ich halte erst einmal inne", "Ich probier es erst einmal aus."

Bilden Sie positive Annahmen, die Sie den abwertenden, destruktiven Annahmen gegenüberstellen. Möglicherweise sind manche Ihrer alten Negativgedanken zur Gewohnheit geworden oder wiegen so schwer, dass Sie viele Versuche benötigen, um positive Annahmen, die einen Ausgleich schaffen könnten, zu erarbeiten.

Erlauben Sie Ihrem Selbstzweifel nicht, das letzte Wort zu behalten. Suchen Sie Kontakt zu einem Gegenspieler. Der wichtigste Gegenspieler zum Lampenfieber ist nicht, wie manche meinen, die Gleichgültigkeit oder die Gefühllosigkeit. Wenn es Ihnen um etwas Wichtiges geht, das auch ein Risiko enthält, dann brauchen Sie Risikofreude oder Mut. Suchen Sie Kontakt zu Ihrem mutigen Persönlichkeitsanteil, der etwa folgende Botschaft geben könnte:

"Trau dich"

"Versuche es noch einmal"

"Du kannst trotz deines Lampenfiebers überzeugend auftreten"

"Wage es, etwas Neues zu probieren"

Üben Sie sich darin, Ihrer mutigen Seite das letzte Wort zu lassen. Lassen Sie dies zur Denkgewohnheit werden, die allmählich ein ansteigendes Gefühl von Sicherheit entstehen lässt.

Mentales Training

Die mentale Probe

Das mentale Training ist inzwischen zur Standardmethode in den verschiedenen Sportarten wie auch in der Instrumentalpädagogik avanciert. Mentale Probe nennt man den Vorgang, wenn man sich kurz vor einem Auftritt den Ablauf bewusst vorstellt. Das ist eine einfache und wirksame Anwendung der Kunst des Visualisierens. Das heißt: Denken, ohne Worte gebrauchen zu müssen. Wenn Sie vor Ihrem öffentlichen

Auftritt im Geist den Ablauf mit Erfolg durchspielen, so räumen Sie damit Unsicherheiten und Zweifel aus dem Weg. Außerdem wird Ihr Körper auf den Auftritt eingestimmt. Es ist deshalb sinnvoll, sich immer wieder die Auftrittssituation mit allen Einzelheiten vorzustellen.

Es gibt drei allgemein bekannte unterschiedliche Perspektiven, wie sich die Vorstellungskraft einsetzen lässt:

Innere Wahrnehmung: Diese Vorstellung ist verbunden mit der Sicht dessen, was um Sie herum geschieht, und zwar so, als führten Sie tatsächlich Ihre beabsichtigte Handlung aus. Kurzum: Ich sehe mich, wie ich handle.

Äußere Wahrnehmung: Bei dieser Form der Vorstellung beobachten Sie sich selbst aus der Perspektive einer anderen Person oder einer Kamera.

Kinästhetische Wahrnehmung: Diese Vorstellung ist verbunden mit der Schaffung des körperlichen Gefühls einer Handlung oder eines Bewegungsablaufes.

Wie Sie die Vorstellungskraft einsetzen, dafür gibt es keine festen Regeln. Jede dieser Wahrnehmungsmöglichkeiten stützt sich auf ein einziges Vermögen – entweder das Sehvermögen oder das Gefühl. Somit wäre eine umfassende Nutzung gewährleistet, wenn Sie auch weiteres sensorisches Erleben miteinbeziehen, wie beispielsweise Hör-, Tast- und Geruchssinn.

Wären Sie z.B. ein Fußballspieler und machten sich innere Vorstellungen zunutze, so sollten Sie sich selbst auf dem Spielfeld sehen, den Klang des Balls hören, das Körpergefühl beim Laufen spüren und den Geruch der Umgebung riechen.

Geistige Bilder haben den Effekt, den Körper für die Aktion vorzubereiten. Es liegt nahe, geistig auch den Zustand des Lampenfiebers zu vergegenwärtigen, um so eine Gewöhnung an den Zustand auf der Bühne zu schaffen und damit das Lampenfieber abzubauen, wie z.B. mit der Technik des inneren Bildschirms. So wie physische Fähigkeiten verbessert werden, wenn sie im Geist geübt werden, können auch gefühlsmäßige Einstellungen bearbeitet werden.

Der innere Bildschirm

Als wirkungsvolle Technik hat sich in meiner Praxis der Einsatz des "inneren Bildschirms" erwiesen. Der innere Bildschirm ist Ihr geistiges Heimkino, mit dem Sie die Fähigkeit des Visualisierens entwickeln können. Auf dieser Leinwand können Sie jede Auftrittssituation abbilden, die vor Ihnen liegt. Sie können jede Situation gefahrlos heranholen und das Probehandeln so lange üben, bis Sie sich auch in der Realität sicher fühlen. Auch neue Situationen können positiv durchgespielt und geübt werden.

Wenn Sie beispielsweise einen Vortrag halten müssen, können Sie sich auf Ihrem inneren Bildschirm schon in souveräner Haltung sprechen sehen. Sie können auf Ihrer Leinwand Bilder bei Bedarf schneller oder langsamer ablaufen lassen oder sie wie mit einem Zoom vergrößern. Sie schaffen damit einen eigenen gedanklichen Bereich, in dem Sie positive Problemlösungen vorstellen und ausprobieren können.

Einen mentalen Raum schaffen

Das mentale Training kann dazu dienen, vor einem Auftritt die Situation in Gedanken nochmals "durchlaufen" zu lassen und zu korrigieren. Sie können sich aber auch einen eigenen "mentalen Raum" schaffen, in den Sie sich immer wieder zurückziehen können, um sich mental zu stärken.[4)] Am besten eignet sich dafür ein Einstieg über die körperliche Entspannung.

Der erste Schritt bei dieser Form des mentalen Trainings besteht darin, die Wahrnehmung auf den Unterschied zwischen Spannung und Entspannung zu lenken. Muskel für Muskel wird angespannt, entspannt, um den Unterschied beider Effekte deutlich zu spüren. Jeder folgende Schritt wird mit einer verlängerten Kontraktion der linken Faust in Verbindung mit einem tiefen Einatmen und Atemanhalten, gefolgt von Ausatmen und Entspannung eingeleitet. Dies soll als Auslöser für Entspannung eingeübt werden.

Gleichzeitig mit der Wahrnehmung der Unterschiede zwischen Spannung und Entspannung wird die Aufmerksamkeit auf andere Dimensionen der Entspannung gelenkt. Das sind Assoziationen psychischer Zustände wie Ruhe, Sicherheit, Vertrauen, Zuversicht, die die warmen, schweren Empfindungen körperlicher Entspannung begleiten. Die Ausatmung soll später als Auslöser benutzt werden, um den Zustand der Entspannung mit den dazugehörigen Empfindungen zu induzieren.

Nachdem die Zustände körperlicher Entspannung gelernt und konditioniert sind, sollen verbale Schlüsselworte wie "ruhig", "gelassen", "bequem", "sicher" unhörbar innerlich gesprochen werden. Ebenso können Bilder eingesetzt werden, wie beispielsweise das Bild von Treppen oder Fahrstühlen, die nach unten führen, oder das Herabsinken im Wasser. Solche Bilder schmelzen die Grenzen zwischen Körper, Geist und Seele und erzeugen Gefühle der Befreiung, des Fließens weg von Raum und Zeit.

Der induzierte selbsthypnotische Zustand wird in einem "inneren mentalen Raum" verankert – ein umfassendes Bild eines angenehmen, warmen inneren Raumes, der für einen inneren Ort sorgt, von dem aus sämtliche Handlungen ausgeführt werden.

Sprache als leistungsförderndes Werkzeug

Sprache und Denken sind miteinander verknüpft. Selbst Sätze, die Sie nur denken, haben eine Wirkung. Besonders aus dem Bereich des Sports und der Musik weiß man, dass negative sprachliche Anweisungen leistungshemmende Folgen haben. Ein Pianist, der sich vornimmt, "nicht zu eilen" oder "nicht schneller zu werden" wird die unerwünschte Handlung geradezu anziehen. Der Grund dafür: Unbewusst wird jede negative Aussage als gegebene Tatsache angenommen.

Die Sprache, die Menschen verwenden, prägt ihre Gefühle wie auch die Wahrnehmung von angsterregenden Situationen. Im schlimmsten Fall kann der verwendete Sprachschatz dazu führen, dass Menschen sich einreden, unfähig, hilflos oder weniger wert zu sein als andere.

Es gibt bestimmte Formulierungen, die von vornherein verhindern, dass wir unser Bestes auf den "Bühnen des Lebens" geben können:

Ich schaffe es nicht.

Die anderen sind besser (stärker, begabter, intelligenter, schöner).

Die anderen sind sowieso gegen mich.

Hoffentlich werde ich nicht rot.

Ich werde immer verlegen.

Mir hört man sowieso nicht zu.

Mich übersieht jeder.

Wenn Sie Ihre Sprache bewusst beobachten und solche leistungshemmende Aussagen umgestalten, setzen Sie positive Aktivität frei. Es geht darum, einen Sprachschatz zu entwickeln, der Ihre positiven Ressourcen und Kräfte freisetzt. Einige einfache Beispiele:

Statt "Ich schaffe es nicht": "Wenn ich mich gut vorbereite, schaffe ich es".

Statt "Ich bin ein Versager": "Ich versuche es noch einmal".

Statt "Ich kann nicht": "Ich möchte nicht".

Statt "Ich muss": "Ich möchte" oder "Ich will".

Es geht darum, das neue Vokabular entschlossen einzusetzen, so dass es mit der Zeit zur Selbstverständlichkeit wird. Hinzu kommt der Resonanzeffekt: Ihre Umwelt wird ebenfalls eine Veränderung Ihrer Sprachgewohnheiten merken. Sie werden positive Rückmeldungen anziehen. Die folgenden Sprachübungen bereiten den Weg zu diesem Ziel.

Überlegen Sie für jeden abwertenden, negativen Begriff eine positive Umdeutung: "ich entscheide mich für", "ich habe Zeit", "ich wähle", "ich möchte lieber", "ich will".

Ersetzen Sie von nun an das Wort "Problem" immer durch das Wort "Lernaufgabe".

Beobachten Sie den Sprachschatz von anderen, die Sie als selbstbewusst und selbstsicher erleben.

Treffen Sie sich mit einem Freund oder Bekannten und achten Sie ganz bewusst auf Ihre eigene Wortwahl wie auf die Ihres Gegenübers.

Unterbrechen Sie den schnellen Fluss Ihrer Gedanken und achten Sie auf positive Sätze, die Sie denken. Wiederholen Sie sie bewusst langsam. So können Sie verhindern, dass Ihre Gedanken in unangemessene Gedankengänge "davonrasen". Auch bei Gesprächen mit anderen können Sie diese Methode anwenden. Sie werden sich besser konzentrieren und weniger verhaspeln.

Ein geschriebener Satz beeinflusst das Denken noch intensiver als ein gedachter. Das Aufschreiben von positiven Sätzen, die Sie in Ihrem Notizbuch oder auf Ihrem Schreibtisch deponieren, ist deshalb besonders hilfreich. Beispiele für solche Sätze sind:

Lampenfieber kommt und geht vorbei.

Ich kann mutig sein.

Ich kann trotz Lampenfieber kompetent sein.

Ich vertraue auf mein Können/Wissen, meine Fertigkeiten/Fähigkeiten.

Die tägliche Wiederholung solcher Sätze führt dazu, dass sie Ihnen mit der Zeit "in Fleisch und Blut" übergehen. Sie können sie auch vor dem Einschlafen nochmals bewusst wiederholen, um sie in die unbewusste Traumwelt mitzunehmen.

Humor und Fehlerfreudigkeit als Mittel zur Selbstdistanzierung

Im Gegensatz zur pessimistischen Einstellung "Das schaffe ich nie", "Es wird schlimm enden", "Wie konnte ich bloß", "Es wird sicher schief gehen" hat der Humor eine völlig andere Sichtweise. Humor leugnet nicht die nüchterne realistische Einschätzung des eigenen Könnens auf der Bühne – er versucht sie zu verwandeln.

Humor ist die Voraussetzung zur Selbstdistanzierung und damit einer der wichtigsten Schlüssel zur inneren Freiheit. Deshalb hat er auf Lampenfieber eine "dämpfende Wirkung".

Außerdem: Humor ist Liebe. Er macht die eigenen Unzulänglichkeiten erträglicher, die schweren Pannen etwas leichter und lässt in der Erinnerung Angst vor bestimmten Situationen gelassener betrachten. Humor relativiert in dreifacher Hinsicht:

- als Befreiung vom Gebot der Stärke: "Ich muss nicht immer eine starke, festgefügte Person sein."
- als Ordnungs- und Klärungsmittel: "Ich kann alles, was sich in mir meldet, auch anders bzw. von oben betrachten."
- als Erleichterung der Selbstannahme: "Ich kann zu meinen Fehlern oder Schwächen stehen, denn sie bedeuten nicht, dass ich minderwertig bin. Ich gestehe sie mir zu, weil auch sie zu mir gehören und sein dürfen."

Alles, was vor einem Auftritt zur Relativierung beiträgt, führt auch zu einem entspannteren Umgang mit Lampenfieber. Relativierung heißt: weg von der Überhöhung der Situation, weg vom Leidensmonopol, weg von ängstlichen Unterstellungen und Katastrophenphantasien, weg von der Isolation.

Eine humorvolle Pointe zeigt, dass Sie Ihren Auftritt irgendwie beherrschen, dass Sie darüber stehen.

Humor ist die besondere Fähigkeit, die Bühnensituation bereits im Vorfeld von einer scheinbaren oder angemaßten "Allein-Wichtigkeit" zu entlasten. Das Humorvolle nimmt ihr das Beängstigende und Beeindruckende. Über Humor machen Menschen eine Erfahrung des Wohlwollens, der Nachsicht. gegenüber eigenen Missgeschicken, die trotz gewissenhaftester Vorbereitung immer wieder ereilen können.

Allein schon das Wissen um die Fehler und Unzulänglichkeiten, die trotz größtem Bemühen auftreten können, vermindert das Lampenfieber. Man macht sich nichts mehr vor, weil man weiß, was möglich oder eben nicht möglich ist! Und weil man eingesehen hat, dass Perfektion weniger wichtig ist als Ausdruck und Mitteilung. Einige "Humorübungen" mögen als Beispiele für kognitive Entlastung dienen.

Gestehen Sie sich das Versagen zu mit folgender Haltung: "Es ist völlig in Ordnung und bricht mir keinen Zacken aus der Krone, wenn ich hin und wieder stolpere, patze, blokkiert bin, den Faden verliere oder sprachlos bin."

Wenn Sie sich versprechen (verspielen), korrigieren Sie nicht hektisch. Lächeln Sie lieber. Ein Lächeln kommt besser an und erzeugt Resonanz bei den anderen.

Denken Sie an eine vergangene Angstsituation und stellen Sie sich vor, diese Situation würde in Ihrer Phantasie zu einer Seifenblase.

Pusten Sie diese fort, und schauen Sie ihr so lange hinterher, bis sie immer kleiner wird und schließlich am Horizont verschwindet.

Stellen Sie sich vor, Sie besäßen eine "Schnatterkiste", in der sich ihre "Quälgeister" befinden. Bevor Sie auf die Bühne treten, schließen Sie in Ihrer Phantasie energisch den Deckel der Kiste.

Oder stellen Sie sich vor, Sie würden die Kiste ausleeren. So gewinnen Sie zumindest kurzfristig eine "Verschnaufpause" von Ihren Quälgeistern.

Legen Sie sich eine Mappe an mit dem Titel: "Gesammelter Schwachsinn" und halten Sie dort all Ihre kleineren oder größeren "Katastrophen" fest. Lesen Sie hin und wieder darin, Sie werden sich köstlich amüsieren.

Stellen Sie sich die schlimmste Katastrophe vor, die Ihnen auf der Bühne passieren könnte, und fragen Sie sich: Würde ich es überleben? Was würde ich in einem Jahr darüber denken, in zehn Jahren, am Ende meines Lebens?

Auf der Bühne kann paradoxerweise gerade ein Fehler zur Entspannung beitragen. Musiker berichten immer wieder von der Entlastung nach einem Fehler. Das "Allzumenschliche" hat einen eingeholt, man darf wieder ein "normaler" Mensch mit Fehlern und Schwächen sein: ein Mensch, der auf dem Weg ist.

Humorvolle Kommentare nach Fehlern sind wirksame Mittel gegen die Allmachtsanmaßung, den Überheblichkeitswahn, gegen die herrschende Mentalität, alles – auch auf der Bühne – kontrollieren zu wollen. Deshalb können Leistungsfanatiker und Ehrgeizbesessene nur selten lachen – es fehlt ihnen die Freiheit zur Selbstrelativierung. Sie bedürfen der Kontrolle und der Gewissheiten, an denen sie sich festhalten können.

Im Humor werden die "Gewichte" wieder richtig verteilt. Das heißt, es vollzieht sich eine Abkehr vom überbetonten "Ich" hin zum eigenen Wesen, das man "ist". Wenn man nicht mehr übertrieben besorgt ist um seinen Vorteil, in Angst vor dem Scheitern oder dem Verlust an Anerkennung, dann können Impulse von einem höheren Ziel ihren Sinn bekommen, z.B. im Dienst einer Sache, um der Kunst willen, für die Mitmenschen. Mit solch einer Einstellung kann man nicht nur sich, sondern auch die Angst, die das Ich bedroht, verlieren.

Durch folgende Humorübungen für den Fehlerausgleich wappnen Sie sich für den "Ernstfall" auf der Bühne:

Wenn Sie feststellen, dass Sie sich gerade mit der Vorschrift "bloß keinen Fehler machen" unter Druck setzen, fragen Sie: "Na und?" Oder: "Was ist so schlimm daran?"

Zur allmählichen Einübung von Fehlertoleranz: "Ich ärgere mich nur an geradzahligen Tagen (bzw. nur montags oder nur einmal im Monat) über meine Fehler."

Warum nicht einmal absichtlich einen kleinen "Schnitzer" einbauen – absichtlich einmal komisch, ungeschickt, übertrieben oder karikaturhaft sein? Allein das ausgelöste Gelächter hat eine befreiende, muskulär entspannende Wirkung.

Vor dem Schlafengehen fragen Sie sich: "Heute schon einen Fehler gemacht?" Wenn ja, dann können Sie zufrieden einschlafen: Es war ein guter Tag. Denken Sie daran: Kleine Fehler mag das Publikum.

Schwören Sie dem Ideal allgegenwärtiger Perfektion ab; konzentrieren Sie sich stattdessen auf Ihre Entwicklungschancen.

Literatur

1) Metzig, W., Schuster, M., Prüfungsangst und Lampenfieber. Bewertungssituationen vorbereiten und meistern. Berlin, Heidelberg: Springer, 1998, S.193.
2) Schulz von Thun, F., Miteinander reden 3 – Das "innere Team" und situationsgerechte Kommunikation. Reinbek: rororo 2003.
3) Terry, P., Mental zum Sieg. Ängste erkennen. Motivation steuern. Sportliche Leistung steigern. München: BLV Verlagsgesellschaft 1990 (engl. Originalausgabe "The winning mind", Wellingborough 1989).
4) Tönnies, S., Mentales Training für die geistig-seelische Fitness. Heidelberg: Asanger 1998.

Anders fühlen lernen

Die Macht der Gefühle

Das Terrain der Gefühle ist für den Lampenfiebrigen sicher am kompliziertesten. Gefühle haben die Macht, das beobachtende Ich außer Gefecht zu setzen. Gefühle teilen mit, ob eine Sache gut für uns ist oder nicht. Gefühle sind die Sprache der Betroffenheit. Sie drücken aus, dass uns ein Auftritt wichtig ist. Ohne Gefühle wären wir wie die Roboter – gleichmütig, aber ohne Entwicklungschancen. Gefühle sind sinnvoll und notwendig für einen Auftritt. Gut, dass wir sie haben. Aber solange sie uns beherrschen, sind wir ihnen ausgeliefert. Deswegen gilt als Leitschnur die Aussage von Assagioli, der uns nahe legt: "Deine Gefühle müssen dir folgen" (und nicht du ihnen).

Solange wir mit unseren Gefühlen nicht umgehen können, bleibt uns nur, sie zu verdrängen, zu verleugnen oder zu ignorieren. Wir haben die Neigung, unangenehme Gefühle abzuschütteln, wegzudrängen oder nicht wahrhaben zu wollen. Möglicherweise steckt dahinter die Angst, die Beschäftigung mit diesen negativen Gefühlen könne dazu führen, von ihnen beherrscht und überflutet zu werden und die Kontrolle über uns selbst zu verlieren. Das Problem ist, dass sie dann sozusagen "aus dem Hinterhalt" umso stärker wirken – sei es, dass wir uns unserer Gefühle schämen und uns als lächerlich, minderwertig oder dumm (Kompetenz) oder für gestört, krank oder unnormal (Gesundheit) oder für schlecht, verwerflich oder menschlich unzureichend (Moral) empfinden.

Nicht nur Gedanken schaffen Fakten. Es gilt auch: "Gefühle sind Fakten". Gefühle verkörpern Regungen, die wir mehr oder weniger deutlich spüren. Versuchen wir, sie zu vertreiben oder zu verbannen, so können sie

Druck entwickeln, unberechenbar werden und schließlich ausbrechen. Drei konkrete Beispiele für die Macht der Gefühle:

- *Eine ehrgeizige Schülerin, die extreme Angst vor ihrem Deutschlehrer hat, die sie sich nicht zugesteht, fällt immer wieder unangenehm durch ihre grelle, forsche Sprache und ihre patzigen Bemerkungen auf.*
- *Ein Klavierlehrer verspürt Angst vor einer seiner Schülerinnen, die er als überlegen und überheblich empfindet. Da er unbedingt "oben" und kein Feigling sein will, ignoriert er seine Angst und "striezt" sie besonders.*
- *Ein Redner, der sich gesundheitlich geschwächt fühlt, empfindet diesen Zustand als "kläglich". Er beißt die Zähne zusammen und gibt sich als dynamischen, schein-souveränen Redner.*

In diesen drei Beispielen werden die Gefühle übergangen oder abgelehnt, weil sie den inneren Vorschriften ihrer Träger widersprechen. Hier sind subjektive Imperative am Wirken, die Angelika Wagner [3] als "Knoten" bezeichnet: Von ihnen geht ein Befehl, Gebot oder Verbot aus, wie man zu sein hat bzw. wie man nicht sein darf. Das bedeutet aber auch ein Verbot, Gefühle auszuhalten, wenn nicht sogar, sie anzunehmen. Womöglich scheint die Verdrängung oder Verbannung von Gefühlen erforderlich, weil wir sonst befürchten müssen, dass sie nicht kontrollierbar sein könnten.

Aber das Gegenteil ist der Fall. Gefühle, die sein dürfen oder sogar willkommen geheißen werden, können Lebensenergien wachrufen und Lebendigkeit auf der Bühne in Gang bringen. Deshalb ist die Integration der Gefühle wesentlich.[2]

Widerstände gegen Gefühle überwinden

Bevor die Integration der Gefühle gelingen kann, sind noch drei Widerstände zu überwinden.

- *Wie werden die anderen reagieren?*
- *Kann ich meinen Gefühlen trauen?*
- *Sollte ich mich nicht lieber auf meinen Verstand verlassen?*

Wenn Sie zu dem Bewältigungstyp gehören, der schwierige Situationen logisch überdenkt und sachlich angeht, so werden Sie diese Veränderungen im Umgang mit Ihren Gefühlen womöglich irritieren oder befremden. Stellen Sie sich darauf ein, dass Sie Reaktionen bei anderen erzeugen, dass Sie Gewohntes ablegen und Geduld und Zeit brauchen, bis Sie ein neues Gleichgewicht gefunden haben. Wer jahrelang mit Anweisungen gelebt hat oder hauptsächlich vom Kopf gesteuert war, ist seiner neuen Freiheit nicht gleich gewachsen.

Möglich ist, dass es zu Überreaktionen oder Unbeholfenheiten kommt. Solange die Palette der Lampenfiebergefühle noch nicht integriert ist, solange die Gefühle noch nicht selbstverständliche Mitspieler auf der Bühne sind, denen man mit Gelassenheit und Augenzwinkern begegnet, kommt es zu Turbulenzen. Da hilft nur eine neugierige, versöhnliche und experimentierfreudige Haltung sich selbst gegenüber.

Jeder Teil der folgenden Anregungen und Übungen kann ein Eingangstor sein, das Sie zum Kennenlernen neuer Persönlichkeitsbereiche einlädt. Schnuppern Sie deshalb auch in Übungsbereiche, die Sie bisher geflissentlich gemieden haben.

Gefühle bejahen

Statt gegen den Strom der Lampenfiebergefühle zu schwimmen, ist es nicht nur sinnvoller, sondern sogar notwendig, diese Gefühle zu bejahen. Sie können der Angst nicht entrinnen, aber Sie können sie annehmen und bejahen. Diese Annahme bewirkt, dass Kräfte, die vorher in der Angst gebunden waren, frei werden. Es geht darum, mit dem Erleben der Angst in Fühlung zu kommen und wahrzunehmen, was diese Gefühle mitteilen wollen. Was fühle ich in meinem Körper?

Wahrscheinlich empfinden Sie so etwas wie Aufregung – Ihr Herz schlägt wild, Sie sind angespannt oder haben ein Schmetterlingsgefühl im Magen. Sie erleben diese Gefühle als unangenehm, beängstigend oder als Schwäche. Statt sie negativ zu etikettieren, versuchen Sie sie als Erregung zu akzeptieren und noch deutlicher wahrzunehmen.

Vielleicht können Sie diese Gefühle sogar ein wenig genießen. Wichtig ist, dass Sie anerkennen:"Das bin ich, und ich fühle mich gerade erregt."

Gefühle intensivieren

Damit Ihr jeweiliges Erleben noch deutlicher und prägnanter wird, intensivieren Sie es. Übertreiben und verstärken Sie jede Empfindung von Spannung und Erregung. Statt Spannungen zu lockern oder zu vermindern, tun Sie zunächst genau das Gegenteil – übertreiben Sie die Spannung:

- *Wenn Sie beispielsweise ein Zittern in den Händen spüren, intensivieren Sie das Zittern! Zittern Sie so stark, wie Sie können.*
- *Wenn Sie Muskelspannungen fühlen, verstärken Sie die Spannung in den jeweiligen Muskelpartien.*

➢ *Bei kalten Händen gilt dasselbe: Konzentrieren Sie sich auf das Kältegefühl und versuchen Sie, Ihre Hände noch kälter zu machen.*

Bleiben Sie mit Ihren Gefühlen in Kontakt und versuchen Sie, sie zu übertreiben, indem Sie sie beispielsweise durch Körperbewegungen ausdrücken oder indem Sie Ihre Stimme einsetzen. Produzieren Sie irgendwelche Töne, Klänge oder Geräusche, die Ihrem Gefühl entsprechen. Das Erlebte soll Prägnanz erhalten. Deswegen ist Übertreibung sogar notwendig.

Intensivierung von Gefühlen heißt Identifikation mit meinem gegenwärtigen Erleben und Akzentuierung meines Erlebens. Oder: Anerkennung und Vertiefung des eigenen Erlebens. In der Intensivierung sind wir nicht mehr Opfer eines bestimmten Gefühls, sondern wir gehen damit um, experimentieren damit und begeben uns in eine Position "engagierter Distanz".

Wir werden zum teilnehmenden Beobachter unserer Lampenfiebergefühle. Wir nehmen eine "exzentrische Position" (Plessner) zu unseren Gefühlen ein und sind ihnen deshalb nicht mehr ausgeliefert.

Erlauben Sie sich, ein Lampenfiebergefühl, das Sie bisher als negativ beurteilten, jetzt wahrzunehmen. Sie werden merken, wie allein das Annehmen des Gefühls zu einem anderen, neuen Gefühl führt. Gefühle sind ständig in Bewegung. Geben Sie Ihren Gefühlen die Erlaubnis, so lange da zu sein, wie sie vorhanden sind. Unterbrechen Sie die Bewegung Ihrer Gefühle nicht durch Unterdrückung. Gefühle wollen wahrgenommen und angenommen werden!

Die willentliche Herbeiführung und Übertreibung von Angstgefühlen führt zur Erfahrung, dass diese beeinflussbar sind. Wenn ich ein Gefühl übertreiben kann, dann kann ich es auch beeinflussen bzw. verändern.

Was ich verstärken und übertreiben kann, kann ich auch abschwächen. Das Prinzip der Übertreibung führt paradoxerweise geradewegs zum Nachlassen von störenden Symptomen. Die Erlaubnis zum Fühlen erzeugt einen Zustand, aus dem heraus der Körper "besser", entspannter und zielgerichteter agiert.

Drei Beispiele:

- *Sie haben Angst vor weichen, zittrigen Knien. Sagen Sie: "Die Knie sollen jetzt noch mehr zittern." Übertreiben Sie und verstärken Sie das Zittern der Knie, bis es deutlich spürbar und prägnant wird. Sie werden überrascht sein, wie das Übertreiben genau das Gegenteil bewirkt. Die Erlaubnis zum Zittern erzeugt einen Zustand, aus dem heraus der Körper wieder entspannen kann.*
- *Sie haben Angst, rot zu werden. Sagen Sie: "Meine Wangen werden immer stärker rot, bis sie knallrot angelaufen sind." Schauen Sie in einen Spiegel und überprüfen Sie Ihre Gesichtsfarbe. Was sehen Sie?*
- *Sie haben Angst, dass Ihre Stimme versagt. Sagen Sie: "Ich rede absichtlich leise, bis kaum ein Ton mehr herauskommt." Übertreiben Sie Ihre schwache Stimme. Sie werden erstaunt sein, wie schwer es Ihnen fällt, absichtlich Ihre Befürchtungen herbeizuführen. Das Prinzip der Übertreibung führt paradoxerweise dazu, dass Ihre Stimme wieder lebendig klingt.*

Sich "Schlimm-Gefühlen" aussetzen

Wenn Sie einen Schritt weitergehen und sich direkt mit Ihrer Angst auseinander setzen wollen: Nehmen Sie einmal das "Schlimm-Gefühl" Ihres Lampenfiebers wahr. Gehen Sie in Kontakt mit den inneren Bildern und Empfindungen, die Sie bisher immer weggeschoben haben! Was taucht auf?

Ein Beispiel:

Eine Stadträtin, die große Schwierigkeiten mit dem freien Reden hat, sieht plötzlich lauter grinsende, feixende Gesichter ihrer Kollegen, die sich über sie lustig machen. Ihr Gefühl ist: "Ich werde gedemütigt."

Verweilen Sie bei diesen Gefühlen, damit das "Schlimme" sich langsam entfalten kann. Lauschen, schauen, spüren Sie in sich hinein. Vielleicht ändern sich dabei Ihre Körperempfindungen oder Vorstellungen. Wenn Ihr Gefühl sich genügend verdichtet hat – bei der Stadträtin tauchte plötzlich ein traumatisches Schulerlebnis auf – , dann fragen Sie:

Was ist im Zentrum des Schlimm-Gefühls? Was bräuchte diese verletzte, gekränkte, hilflose oder ängstliche Seite von mir? Welche Ressourcen besitze ich, um sie zu stärken? Welche kreativen Quellen stehen mir zur Verfügung? Was hat mir früher geholfen im Umgang mit schlimmen Gefühlen?[1)]

Konfrontation mit Gefühlen

Als Gedankenimpuls für den konfrontativen Umgang möchte ich meinen Leitsatz für Gefühle voranstellen:

"Unterdrücke das Lampenfieber nicht, aber gib ihm auch nicht nach."

Diese Haltung lässt sich mit einer einfachen, klassischen Technik erproben, die aus der Gestalttherapie stammt. Laura und Fritz Perls, ihre Begründer, nahmen den Gedanken Freuds auf, dass im Menschen verschiedene Instanzen miteinander im Kampf liegen können. Ihr kreativer Akt lag darin, dass sie diesen Kampf leibhaftig zur Aufführung brachten, indem sie jedem der inneren Gegenspieler einen Stuhl zuwiesen, auf den sich der Klient setzen kann, um sich mit den verschiedenen Teilen bzw. Instanzen vorübergehend zu identifizieren.

Bei Lampenfieber hat sich diese Methode immer wieder bewährt, weil sie dazu geeignet ist, sich mit sich selbst zu konfrontieren. und außerdem, weil sie kreativ, undogmatisch und spielerisch ist. Deshalb schlage ich nun eine modifizierte Form vor, die Sie selbst praktizieren können:

Stellen Sie einen Stuhl vor sich hin – Ihren Lampenfieberstuhl – und setzen Sie sich auf einen Stuhl gegenüber. (Sie können die Übung auch mit einem Kissen durchführen.)

Unterhalten Sie sich mit Ihrem Lampenfieber: Warum bist du da? Was willst du von mir? Was hast du mir zu sagen? Was findest du für mich nützlich?

Lassen Sie sämtliche Lampenfiebergefühle in sich aufsteigen und wechseln Sie nun über zum Lampenfieberstuhl, versetzen Sie sich in die Rolle des Lampenfiebers und lassen Sie das Lampenfieber nun zu Ihnen sprechen. Sodann wechseln Sie wieder auf Ihren Stuhl.

Diese Stuhlwechsel können Sie beliebig oft fortsetzen. Nach ungefähr zehn Minuten sagen Sie sich ein lautes "Stopp" und lassen den Dialog nochmals an sich vorbeiziehen. Vielleicht (oder hoffentlich) ist dann der Zeitpunkt gekommen, dass Sie den Kampf überwinden und einander als "Team" anerkennen können.

Kreative Übungen zur Gefühlsumstellung

Nach meiner Erfahrung unterscheiden sich Menschen vornehmlich im Tempo ihrer inneren Gefühlsumstellung. Für diejenigen, die sich nur langsam gefühlsmäßig umstellen können, weil ihre Seele sonst nicht mitkommt, sind kreative Übungsprozesse besonders geeignet. Im Gegensatz zum raschen, effektiven "Angstmanagement" ermöglichen sie ein Eingehen auf persönliche Rhythmen und Zeitbedürfnisse.

Anders als gewohnt nähere ich mich dem Lampenfieber bei der nun folgenden Übung mit Papier und Farben. Nehmen Sie sich mindestens eine halbe Stunde Zeit und malen Sie Ihr Lampenfieber. Kein kunstvolles Gemälde, sondern Ihren persönlichen Ausdruck des Gefühls. Was auch immer Sie wählen: Symbole, Formen, Strichmännchen, Farben, konkrete Szenenbilder, Vignetten. Es bleibt Ihnen überlassen, welcher Ausdruck Ihnen derzeit entspricht. Eine Empfehlung: Als Grundmaterial eignen sich am besten Wachsmalkreiden und große Papierbögen (DIN A2) oder Tapetenrollen.

Lampenfieber malen

Nehmen Sie mit geschlossenen Augen Kontakt zu Ihrem Lampenfieber auf – über eine vergangene oder eine bevorstehende Auftrittssituation – und lassen Sie diese Situation nochmals vor Ihrem inneren Auge vorbeiziehen.

An der Stelle, wo Ihre Gefühle am intensivsten reagieren, halten Sie inne und stellen Sie Ihre innere Wahrnehmung auf "Schauen" ein.

Wie sieht es in Ihnen aus? Welche Formen, Farben, Symbole tauchen auf? Welche Körperatmosphären und Stimmungen?

Nehmen Sie wahr, was sich in Ihnen entfaltet und stellen Sie sich vor, wie das Geschaute nun durch Ihre Arme in Ihre Hände fließt.

Öffnen Sie die Augen, nehmen Sie die Stifte und malen Sie Ihr Lampenfieber.

Lassen Sie sich das Bild "ins Auge fallen", nehmen Sie Kontakt zu ihm auf und spüren Sie Ihre innere Resonanz. Wie berühren Sie die Farben, die Formen? Wie empfinden Sie die Atmosphäre des Bildes? Haben Sie einen neuen Ausdruck entdeckt, den Sie zuvor so nicht hätten wahrnehmen oder benennen können?

Dieser Ausdruck ist ein weiterer Schritt in Richtung Nahkontakt mit Ihrem Lampenfieber.

Durch bildliche Darstellungen lassen sich Gefühle eindrucksvoller darstellen und auch erschließen als nur mit Worten. Zeichnen und Malen als Form der Selbstwahrnehmung eröffnen nicht nur Zugänge zu Gefühlen. Sie können sich auch konkret erfahren und ganz bewusst mit sich auseinander setzen. Dabei ändern sich mitunter Ihre Perspektiven und Blickpunkte.

Neue Perspektiven schaffen

Nehmen Sie dieses Mal zwei große Papierbögen und Wachsmalkreiden zur Hand.

Geben Sie dem einen Bogen den Titel "Mein Lampenfieber" und dem anderen "Meine innere Stärke".

Lassen Sie Ihren Impulsen freien Lauf und drücken Sie aus, was jeweils in Ihnen aufkommt, ganz wie es sich zeigen will.

Malen Sie möglichst zügig und spontan je ein Bild dazu.

Vergleichen Sie beide Bilder und lassen Sie die Eindrücke auf sich wirken.

Haben Sie neue Seiten an sich entdeckt?

Sie können auch einen zweiten Durchgang anschließen, indem Sie ein Detail, einen farblichen Komplex oder auch eine Stimmung herausgreifen und auf einem weiteren Papierbogen "vergrößern". Bisher nicht Bewusstes kann so an Kontur und Deutlichkeit gewinnen und zu neuen Einblicken führen.

Angst-Lust-Collage

Wer viel Zeit zur Verfügung hat oder ein freies Wochenende, kann sich noch weiter in die Dynamik der eigenen Gefühle vertiefen, indem er eine Collage anfertigt.

Schneiden Sie dazu aus alten Zeitschriften Bilder, Sätze und Textpassagen aus, die Sie zur Darstellung Ihrer Lampenfiebergefühle verwenden können.

Kleben Sie die passenden Teile auf einen großen Papierbogen, den Sie in die zwei Bereiche "Angstgefühle" und "Lustgefühle" aufgeteilt haben.

Kleben Sie in die jeweiligen Bereiche all die Bilder und Texte auf, die diese Gefühle widerspiegeln.

Lassen Sie die Collage auf sich wirken.

Suchen Sie einen geeigneten Platz in Ihrer Wohnung, wo Sie Ihr "Kunstwerk" aufhängen können.

Emotionale Energie freisetzen

Bei der nächsten Übung geht es um die Schärfung Ihrer Gefühlswahrnehmung auf der körperlichen Ebene, um die Ursachen der Verspannungen aufzuspüren, die im emotionalen Bereich liegen. Unsere Muskeln bewahren Eindrücke von starken emotionalen Erlebnissen. Solange diese Muskeln nicht entspannt sind, können sich die Emotionen nicht freimachen, um zum Ausdruck zu gelangen.

Setzen Sie sich auf einen Stuhl – gehen Sie in Gedanken durch den Körper.

Stellen Sie Kontakt zu den einzelnen Bereichen her und überprüfen Sie sie auf das Vorhandensein von Spannungen. Bewegen Sie die verspannten Muskelpartien und versuchen Sie, sie zu entspannen.

Die Bewegung soll von einem gleichmäßigen und schwingenden Ton "Aahhhhhh" in der Brust begleitet werden. Durch diesen Ton wird der Emotion der Weg zum Ausdruck gebahnt.

Vergessen Sie nicht, daran zu denken, währenddessen die auf Entspannung zielenden Bewegungen fortzusetzen, sonst bleibt die akustische Aktion ohne Wirkung.

Falls durch die beschriebene Prozedur die emotionale Energie nicht freigesetzt wird, stoßen Sie einen heftigen, explosiven Laut aus, in den Sie alle Kraft hineinlegen: "Hah!".

Durch Trommeln einen Weg nach außen finden

Von da aus ist es nur ein kleiner Schritt zur Musik. Menschen, denen die Musik näher steht als etwa das Malen, finden in der Musik das Mittel schlechthin, um mit ihren Gefühlen in Kontakt zu kommen. Sie erinnern sich, wie ich zu Beginn dieses Abschnittes beschrieb, wie man seine Gefühle intensivieren kann. Eine musikalische Möglichkeit dafür ist das Trommeln. Beim Trommeln geht es darum, die "Musik" des eigenen Lampenfiebers zu entdecken und handhabbar zu machen. Das Trommeln mit den Händen von Haut zu Haut lässt oft mehr wissen als der Kopf. Hände können erzählen und haben ein Gedächtnis.

Besorgen Sie sich eine Trommel und spielen Sie Ihre persönlichen "Lampenfieberrhythmen".

Hören Sie Ihrem Spiel mit voller Aufmerksamkeit zu.

Atmen Sie tief durch, und stellen Sie sich dann vor, die Trommelschläge strömen in Ihren Körper hinein und füllen jede Ihrer Körperzellen mit neuer Energie und Kraft.

Sie können diese Rhythmen auch fortsetzen, indem Sie zu tanzen beginnen. Falls störende, hemmende Gedanken auftauchen, tanzen Sie ihnen einfach auf und davon.

Gefühle, die in uns köcheln und brodeln, sind oft sehr diffus. Über das Trommeln finden sie einen Weg nach außen und werden hörbar.

Sie entscheiden im Moment: Wie viel Beat brauche ich, um mein Lampenfieber auszuspielen? Was ist der Rhythmus meiner Angstwellen?

Die Angst wegsummen

Wenn Sie nun völlig "aufgeladen" sind von Klängen und Rhythmen, dann beginnt die gelöste Entspannung. Es gibt eine sehr einfache Methode, sich vor einem Auftritt zu entspannen, die jede Mutter intuitiv einsetzt, wenn sie ihr Baby beruhigen will: Man singt oder summt leise eine Melodie vor sich hin. Vom Tennissport weiß man, dass Spieler, die eine Melodie vor sich hin summen, ihren Atem automatisch mit dem Aufschlag des Balles synchronisieren und dadurch weit gezielter schlagen können.

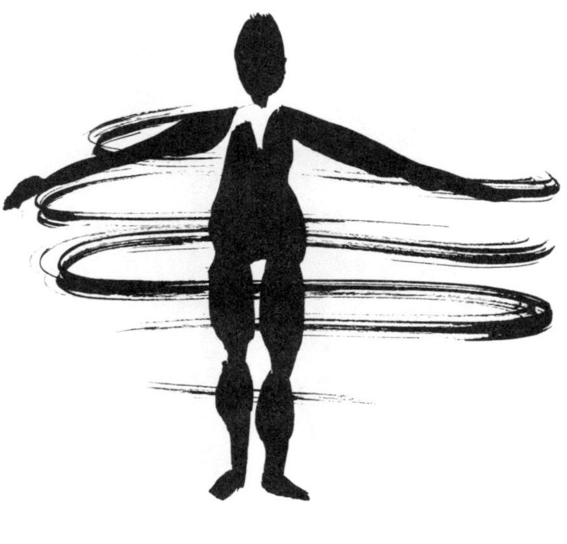

Summen Sie eine beliebige Melodie und tauchen Sie in den beruhigenden Wohlklang Ihrer Melodie ein.

Lassen Sie Ihren Atem ruhig fließen.

Stellen Sie sich vor, wie Sie Ton für Ton Ihre Angst "wegsummen".

Literatur

1) Gendlin, E., Focusing. Technik der Selbsthilfe bei der Lösung persönlicher Probleme. 5. Aufl. Salzburg: O. Müller 1985

2) Petzold, H. (Hrsg.), Die Wiederentdeckung des Gefühls. Emotionen in der Psychotherapie und der menschlichen Entwicklung. Paderborn: Junfermann 1995

3) Wagner, A. et al., Bewußtseinskonflikte im Schulalltag. Weinheim: Beltz 1984

Auf der Bühne

Selbstbewusste Bühnenkommunikation

Stimmigkeit anstreben

Auf der Bühne sind wir herausgefordert, nicht nur mit Leistungen, Kompetenzen oder Produkten in gutem Licht zu erscheinen, sondern auch mit unserer Persönlichkeit: Wie trete ich auf? Wie reagiere ich auf andere? Wie wirke ich auf andere? Wofür stehe ich? Was fällt mir schwer?

Darin liegt eine Chance – aber auch eine Gefahr. Die Chance ist: Entwicklung der Persönlichkeit ist nicht mehr nur Privatsache, sondern wird auch zur öffentlichen Herausforderung. Die Gefahr ist: Die einseitige Ausrichtung auf Wirkung und ein optimales Image könnte dazu führen, dass man nur noch besorgt ist "sich zu verkaufen" und dabei den Kontakt zu wesentlichen Persönlichkeitsanteilen verliert.

Auf die Frage: Worum geht es auf der Bühne? möchte ich den Begriff "Stimmigkeit" gebrauchen. Stimmigkeit bedeutet in "Übereinstimmung mit dem Charakter der Bühnensituation und meiner inneren Verfassung". Sie ist dann gegeben, wenn mein Ausdruck und mein Auftreten meinem inneren Zumutesein entsprechen und übergreifend auch in Übereinstimmung mit dem äußeren Anliegen meines Auftritts. Dieser zweite Aspekt ist wesentlich.

In Übereinstimmung mit der Bühnensituation werde ich beispielsweise deutlicher und bewusster sprechen, als ich es zu Hause gewohnt bin. Oder ich werde mich der Situation gemäß kleiden. Stimmige Bühnenkommunikation enthält einen doppelten Auftrag: einerseits "das mir Gemäße" mitzuteilen, das heißt, die Übereinstimmung zwischen meinem inneren Befinden und äußeren Verhalten, andererseits aber übergreifend auch die Übereinstimmung mit den Erwartungen der verschiedenen Bühnen des Lebens.

Selbsbewusst auftreten

Selbstbewusst auftreten kann und soll man üben. Auch im Zustand von Lampenfieber kann man selbstsicher auftreten, indem man über die äußere Haltung auf die innere einwirkt. Das bloße Einnehmen einer Position der Souveränität, das Vollziehen dieser Bewegungen, das "Einsteigen" in dieses Muster lassen die entsprechenden Gefühle aufkommen durch:

- eine Mimik, die Sicherheit und Souveränität signalisiert,
- eine Ausdrucksbewegung der Hände, die eine lockere Spannung haben,
- eine Kopfhaltung, die Beherrschung der Situation signalisiert,
- einen Gang, der leicht und federnd ist und nicht schwerfällig oder hektisch.

Souveräne Haltung, stimmige Gestik und Mimik fördern das Aufkommen dieser Gefühle. Die Wirkung dieses "so tun als ob" geht sozusagen von außen nach innen. Wir werden zu dem, was wir scheinen. Eine Autosuggestion ist dabei am Werk, die keineswegs bloße Einbildung ist, sondern eine reale Mobilisierung der eigenen Kraft mit sich bringt. Je besser diese Haltung eingeübt und abrufbar wird, desto geschickter können wir auch mit schwierigen oder überraschenden Situationen auf der Bühne umgehen.

So ist es beispielsweise lernbar, mit kleinen Pannen oder Fehlern souverän umzugehen, sie nicht als peinliche Blamage zu erleben, indem man lächelt. Das Lächeln verändert nicht nur die körperliche Spannung, es produziert auch einen veränderten selbstbewussten Zustand und darüber hinaus lockt es bei den anderen ebenfalls ein Lächeln hervor.

Es ist taktisch klüger, aus mehreren kleinen Erfolgserlebnissen neues Selbstbewusstsein für größere Vorhaben aufzubauen, als gleich beim ersten Mal ("Jetzt sage ich allen die Meinung") zu scheitern.

Fangen Sie mit kleinen Schritten an. Sind Sie Kritisieren nicht gewöhnt und noch unsicher? Üben Sie erst einmal in einem Restaurant. Oder bei Menschen, die Ihnen nicht so nahe stehen. Testen Sie Ihr Selbstbewusstsein, indem Sie Wünsche äußern oder Angebote ablehnen.

Wenn Sie bei dem Gedanken an eine kommende Herausforderung Herzklopfen verspüren, ist das meist ein Zeichen, dass dieser Schritt noch zu groß ist. Lassen Sie sich Zeit – aber bleiben Sie mit kleinen Schritten am Ball.

Königs-/Königinnen-Übung

Für den unmittelbar bevorstehenden Auftritt und während des Auftritts empfehle ich die Königs-/Königinnen-Übung:

Stellen Sie sich vor einem Auftritt vor, Sie seien eine Königin (bzw. ein König).

Malen Sie sich aus, wie Sie gekleidet wären.

Setzen Sie sich in Gedanken eine Krone auf.

Behalten Sie diese Vorstellung bei, während Sie den Raum Ihres Auftritts betreten.

Gehen Sie aufrecht und würdevoll (als wäre der Kopf hinten an den Haaren hochgezogen).

Bewegen Sie sich ruhig und gleichmäßig.

Den inneren Regisseur walten lassen

Wie lässt sich die Rolle auf der Bühne, die nach einer sichtbaren "Vorderseite" der Persönlichkeit verlangt, in Einklang bringen mit der unsichtbaren "Rückseite" der Persönlichkeit, d.h. mit jenen Gefühlen, von denen wir empfinden, dass sie auch noch da sind, aber nicht zu ihrem Recht kommen? Jeder Mensch verfügt auf Grund seiner Lebensgeschichte über ein paar Eigenschaften, die besonders "bühnenerprobt" sind und seine Wirkung nach außen bestimmen. Aber im "Hintergrund" dieser Bühne gehören viele andere Persönlichkeitsanteile, z.B. die Scham, die Unsicherheit, die Empfindlichkeit, die Kränkbarkeit dazu. Sie machen ihn zum Teil sehr verletzlich, schutzbedürftig, lichtscheu oder ängstlich, so dass er sich am liebsten verstecken würde und heilfroh ist, wenn man diese Anteile nicht sieht.

Dieses Kräftespiel auf der Bühne zu organisieren, ist Aufgabe des "inneren Regisseurs", der die innere Harmonie zu wahren und den Erfordernissen auf der Bühne und den Erwartungen des Publikums gerecht werden soll. Keine leichte Aufgabe, denn wenn er nur die Kräfte in das Rampenlicht treten lässt, die den Erfolg sichern, und die anderen unterdrückt, dann kann es im Inneren zu einem schlechten Klima, zu Boykott oder Verweigerung führen. Davon ist die Rede, wenn jemand beispielsweise klagt: "Ich spiele abends den dynamischen Entertainer, aber in mir drinnen fühlt sich alles wie sinnlos, öde und leer an."

Während das Publikum immer nur die "Schokoladenseite" eines Darstellers zu Gesicht bekommt, hat der innerer Regisseur es stets auch mit seiner Schattenseite zu tun. Das mag situativ sehr verschieden sein: jemand zeigt sich vor Publikum voller Energie und Humor, aber im Hintergrund meldet sich auch seine andere Hälfte, die zweifelnd fragt: "Was soll das alles? Wozu mache ich das eigentlich?" Oder ein anderer, der sich als souveräner Experte zeigt, wird plötzlich von einer ratlosen Schattenfigur verunsichert: "Bist du wirklich so sicher? Hast du den Mund nicht zu voll genommen? Hast du nicht mehr versprochen, als du einhalten kannst?" Beim einen sind es mehr diese, beim anderen mehr jene Schattenseiten, die auch noch vorhanden sind.

Aber es lassen sich hauptsächlich fünf Typen aufzeigen, die immer wieder auftreten:

- Da wäre beispielsweise "der Schneckenhäusler", der sich am liebsten zurückziehen würde und viel lieber allein wäre, der jeden Auftritt als

Höchstanstrengung erlebt und froh ist, wenn er sich entziehen kann.

- Oder "der Strahlende", von dem jeder erwartet, dass er mit seiner Fröhlichkeit ansteckt, der sich ständig zusammennimmt, damit niemand von seiner inneren Traurigkeit erfährt.

- Oder "der Hilfsbereite", der stets anderen Unterstützung gibt und sich nicht eingestehen darf, dass er selbst auch jemanden braucht, der ihn auffängt.

- Oder "der Selbstbewusste", der seine Selbstzweifel ständig in Schach hält, um nach außen Sicherheit zu demonstrieren.

- Oder "der Witzige", der jede Situation mit Humor und Schlagfertigkeit meistert und innerlich voller Aggression und Bissigkeit steckt.

Wie kann der "innere Regisseur" bei Bühnenauftritten helfen? Der erste Schritt besteht darin, dass er diese ängstlichen, bühnenscheuen inneren Anteile prinzipiell anerkennt und würdigt. Damit ist schon viel gewonnen. Der zweite Schritt besteht nun darin, sich mit diesen ängstlichen, bühnenscheuen Anteilen auseinander zu setzen. Entlassen oder vertreiben wäre eine Lösung, die aber nicht möglich und auch nicht wünschenswert ist, da ja Lampenfieber notwendig ist, damit wir unser Bestes geben. Es geht also darum, den verborgenen Wert des "Widersachers" Lampenfieber zu ermitteln.

Mut mobilisieren

In Anlehnung an die therapeutischen Praktiken des Neurolinguistischen Programmierens (NLP) unterstelle ich dem Lampenfieber grundsätzlich eine gute Absicht.[1)] Diese gute Absicht lässt sich ermitteln, wenn ich mit meinem Lampenfieber das Gespräch suche bzw. Zwiesprache halte, um auf diese Weise Mut für den Auftritt zu mobilisieren.[2)]

Ich frage: Was hast du mir mitzuteilen?

In der Regel kommt eine innere Antwort, die Auskunft erteilt, z.B.: "Die könnten herausfinden, dass ich unfähig bin."

Dann wird die "kreative innere Stimme" angerufen, mit der Bitte, sich Verhaltensweisen auszudenken, die für die Bühne geeignet wären.

Ergänzend dazu ist die Suche nach einem inneren Gegenspieler entscheidend, der das innere Gleichgewicht sichert. Welcher innere Gegenspieler könnte mein Lampenfieber zur Teambildung einladen?

Welcher Wert könnte ein heilsames Gegengewicht darstellen?

Bei Lampenfieber könnte es "risikofreudiger Mut" sein: Er müsste ermutigt werden, die innere Bühne zu betreten, damit beide ein Team bilden können.

Können Sie ihn (den risikofreudigen Mut) auf die innere Bühne holen und sprechen lassen? Selbst ein kleiner, künstlich inszenierter Auftritt könnte ihn unterstützen und stärken. Vielleicht ist Ihr Mut noch ein wenig schwach und will noch wachsen. Dann wäre ein "Wachstumsprojekt" angesagt, das die inneren Kraftquellen aufsucht und mobilisiert.

Am Beispiel "Mut" könnte das bedeuten: Kennen Sie einen risikofreudigen Mutigen in sich, vielleicht aus anderen Situationen oder von früher? Dann kann der innere Regisseur durch Vorstellung und Vergegenwärtigung alter Szenen ihn für den gewünschten Auftritt herbeirufen. Wie hat er mir damals geholfen? Wann war er besonders stark? Was verdanke ich ihm?

Eine andere Möglichkeit, den eigenen Mut zu mobilisieren, wäre die Vergegenwärtigung anderer Personen, die diese Eigenschaft verkörpern. Kennen Sie jemanden, der diese Eigenschaft lebt? Sie können diese Person mental herbeirufen – entweder über das Sehen vor Ihrem geistigen Auge oder über das Hören der Stimme in Ihrem Ohr – und sich von der erwünschten Qualität anstecken lassen.

Aus den bisherigen Überlegungen ergibt sich: Es geht grundsätzlich darum, dass wir unser Lampenfieber als "Teil von uns" identifizieren. Solange diese Identifizierung bewusst und vorübergehend vollzogen wird, ist sie ein wesentlicher Vorgang der Selbsterfahrung und der Integration. Gleichzeitig geht es aber auch um eine Grenzziehung, wissend, dass das Lampenfieber nicht alles in uns besetzt, sondern nur ein Teil von uns ist, und dass wir über Ressourcen verfügen, die helfen, es nutzbringend für den Auftritt zu "funktionalisieren". Eine der wichtigsten Ressourcen auf der Bühne ist: Mut.

Literatur

1) Bandler, R., Grinder, J., Neue Wege der Kurzzeittherapie. Paderborn: Junfermann 1985
2) Ellis, A., Die rational-emotive Therapie. Das innere Selbstgespräch bei seelischen Problemen und seine Veränderung. München: Piper 1977

Bühnenausstrahlung

Der eine hat Ausstrahlung, der andere nicht. Manche betreten die Bühne – und es herrscht atemlose Stille im Raum. Andere strengen sich nach Leibeskräften an und haben jedes Detail sorgsam einstudiert – und ernten nur einen Pflichtapplaus. Wie ist diese Gabe der Bühnenausstrahlung zu erklären? Sie ist eine schwer fassliche Eigenschaft, die mit "Schönheit" im klassischen Sinn nur wenig zu tun hat.

Ebenen der Ausstrahlung

Eine positive Ausstrahlung hängt zusammen mit der Übereinstimmung zwischen dem, was jemand sagt oder tut, und seinem Wesen. Beides ist miteinander verwachsen und wird von außen als Echtheit erlebt. Eine positive Ausstrahlung ist auch eine Frage des Understatements: sich seiner Wirkung bewusst sein, ohne sie gegen andere Personen auszuspielen. Für den Bamberger Sozialpsychologen Lothar Laux geht es dabei um die Vermittlung von Selbstqualitäten, in deren Besitz sich der Darsteller weiß.[1)] Das heißt, Ausstrahlung setzt Selbstwertgefühl voraus. Wer beispielsweise insgeheim überzeugt ist, mit sich selbst "keinen Staat machen" oder "eine gute Figur abgeben" zu können – also ein schwaches Selbstwertgefühl hat –, wird auch keine Ausstrahlung besitzen.

Aber auch Menschen mit einem überhöhten Selbstwertgefühl werden von anderen eher als abstoßend empfunden, wie die Psychologin Astrid Schütz in ihren Studien zeigen konnte.[2)] Dieses Ergebnis bestätigt, dass hemmungslose Selbstdarsteller letztlich wenig Ausstrahlung besitzen. Sie erregen zwar Aufmerksamkeit, aber sie ernten keine Sympathie.

Menschen mit Ausstrahlung haben die Gabe, in vollständiger Übereinstimmung mit dem eigenen Tun im Augenblick zu sein. Sie können ihre Kräfte bündeln und sich auf ihre Aufgabe konzentrieren. Das Entscheidende: Sie können nicht nur sich selbst akzeptieren, sondern sie geben auch anderen in ihrer Gegenwart das Gefühl, dass sie bedeutsam und der Beachtung wert sind.[3)]

Die Ausstrahlung auf der Bühne hängt somit entscheidend von der inneren und äußeren Haltung ab. Selbst im Zustand des Lampenfiebers können Sie schauspielerisch eine selbstsichere Haltung einnehmen. Der Vorteil: Sie lernen durch die äußere Verstellung, Ihrem Ideal innerlich näher zu kommen. Die zunächst aufgesetzte Maske kann einen erwünschten Zustand herbeiführen: Sie werden selbstsicherer.

Authentizität versus dramaturgische Bewusstheit

Wer sich vor anderen darstellt, hat nicht die Wahl, ob er schauspielern will oder nicht. Er hat nur die Wahl, ob er seine Rolle gut oder schlecht spielt. Die Ausstrahlung, die jemand auf der Bühne hat, hängt also entscheidend davon ab, ob er seine Rolle in dieser Situation als Redner, Prüfling, Leiter, Dirigent vollkommen akzeptiert.

Es macht einen großen Unterschied, ob ein Auftritt als Forderung oder als aktive Erfüllung einer innerlich bejahten Aufgabe erlebt wird. Manche tun so, als sei "Eindrucksmanagement" eine lästige Sache, wenn sie sich für einen Vortrag einen Anzug oder ein Kostüm anziehen. Aber wie wir uns darstellen, sagt etwas darüber aus, wie wir einen Auftritt einschätzen.

Lässige Kleidung signalisiert, dass man seinem Auftritt keine besondere Wichtigkeit beimisst. Der Resonanzeffekt ist: Auch das Publikum folgert daraus, dass es dem Ereignis nur alltägliche Bedeutung beizumessen braucht. Aber auch der Auftretende, der sich "overdressed" zeigt, teilt viel über sich selbst und die hohe Bedeutung mit, die er dem Auftritt verleiht. Weil Bühnenauftritte eine komplexe Form der Kommunikation sind, gilt auch hier: Man kann nicht nicht kommunizieren. Das heißt: Sie kommunizieren über die Wahl Ihrer Kleidung, welche Bedeutung Sie Ihrem Auftritt beimessen.

Es geht beim öffentlichen Auftritt letztlich um die Balance zwischen Authentizität und dramaturgischer Bewusstheit. Wer auf der Bühne zu sehr abweicht von dem, was er ist, wirkt schnell peinlich. Wer aber zu sehr abweicht, von dem, was das Publikum erwartet, erzeugt Abwehr. Entscheidend ist das Maß, in dem der natürliche Hang zur Schauspielerei ausgelebt wird. Und entscheidend ist das, was der Zuschauer oder Zuhörer aus den Botschaften entziffern kann. Authentizität auf der Bühne ist ein Phänomen, das man sich nicht verordnen kann. Jedes erzwungene Bemühen erzeugt höchstens Scheinfassaden, weil Echtheit sich ergeben muss. Was man aber dazu beitragen kann, ist eine innere Haltung, die von einem entwickelten Selbstwertgefühl ausgeht und dadurch nach außen strahlen kann.

Hier eine Vorübung, um eine positive innere Haltung auf der Bühne zu erreichen.

Erinnern Sie sich an ein positives Erlebnis (z.B. an einen Erfolg).

Lassen Sie es in der Vorstellung wieder lebendig werden.

Notieren Sie die zehn wichtigsten Erfolgserlebnisse des letzten Jahres.

Was ist Ihnen gut gelungen?

Denken Sie an Begebenheiten, die Sie trotz Lampenfieber durchgestanden haben.

Überlegen Sie: Durch welche Eigenschaften, Ressourcen habe ich die jeweilige Situation gemeistert?

Geben Sie diesen Elementen Wertschätzung.

Literatur

1) Laux, L., Weber, H., Emotionsbewältigung und Selbstdarstellung. Stuttgart: Kohlhammer 1993

2) Schütz, A., Psychologie des Selbstwertgefühls. Von Selbstakzeptanz bis Arroganz. Kohlhammer, Stuttgart 2000

3) Tarr Krüger, I., Die magische Kraft der Beachtung. Sehen und gesehen werden. Freiburg: Herder 2001

Bewegung und Haltung

Für den ersten Eindruck auf der Bühne gibt es keine zweite Chance. In den ersten Sekunden eines Auftritts wird eine Unmenge von Informationen aufgenommen, die langfristig weiterwirken und die Einstellung der Zuschauer oder Zuhörer beeinflussen. Es gilt, sich die Chance des ersten Eindrucks zu eigen zu machen und sie nicht dem Zufall zu überlassen oder einfach zu verschenken.

Um einen optimalen persönlichen Ausdruck auch unter Lampenfieber auf der Bühne zu erreichen, steht uns die eigene Körperausstattung zur Verfügung: Bewegung und Haltung. Mittels gezielter Haltungs- und Bewegungskorrekturen lässt sich ein Großteil störender Spannungen abbauen. Im Zustand des Lampenfiebers neigen wir zur Verengung oder Schrumpfung unserer Ausdrucksbewegungen.

Wirkung von Unbeweglichkeit und Bewegungen

Unbeweglichkeit fördert Lampenfieber – und Lampenfieber führt zur Unbeweglichkeit. Wir verkleinern uns buchstäblich, ziehen den Kopf ein, der Hals wird verkürzt, die Schultern werden nach oben gezogen, die Arme werden angezogen und angespannt. Dieses Sich-klein-machen geht einher mit der Unterdrückung von Bewegung und Beweglichkeit und führt deshalb zu unterdrücktem Ausdruck. Aus diesem Kreislauf gilt es auszubrechen durch den Einsatz von kleinen Bewegungen, die ungewollte Verspannungen und Fixierungen auflösen und durchlässig machen.

Es geht darum, aus der Starre der Angst in eine flüssige Bewegung zu gelangen. Dadurch wird die Nervosität zwar nicht abgelegt, aber man kann sie unterwandern durch kleine willkürliche Bewegungen

- mit einem Gesicht, das Gefühle zeigt,
- mit den Händen, die kleine Wellenbewegungen ausführen, oder
- mit dem ganzen Körper, der mit dem Wechsel von Spannung und Entspannung "spielt".

Die Bewegungen, die von selbst kommen, stimmen meistens. Sie entwickeln sich nämlich aus der eigenen Körperlichkeit und aus der eigenen geistigen Haltung. Auf der Bühne darf man seine Bewegungen ruhig ein wenig übertreiben, so lange sie nicht ablenken oder von der Sache wegführen. Das bedeutet also nicht hin und her trippeln oder hin und her gehen – das wirkt ängstlich und unruhig und überträgt sich auf die Zuschauer oder Zuhörer.

Willkürliche Bewegungen des Gesichts, der Hände und des ganzen Körpers, die das Vorgetragene unterstützen, können der verspannten Muskulatur neue sanfte Impulse geben. So entstehen beispielsweise durch eine kurze Anspannung der Handgelenke Veränderungen in der Schultermuskulatur, oder durch eine leichte Veränderung der Kniegelenke kommt es zu Veränderungen im Beckenbereich.

Im Körper ist alles verbunden: Eine geringfügige Veränderung in einem Körperteil führt zu einer Reaktion an anderen Körperstellen.

Spielen und experimentieren Sie mit diesen kleinen willkürlichen Bewegungen, wobei die Betonung auf "kleinen Bewegungen" liegt, denn große Bewegungen können wieder zu Verspannungen an anderen Körperstellen führen.

Auf der Bühne gilt: Je mehr Bewegung desto besser! Kleine kontrollierte Bewegungen fördern die Durchlässigkeit und als Konsequenz: die Gelassenheit.

"Sprich nicht mit Händen und Füßen" – dieser Satz, mit dem Mütter früher ihren Sprösslingen die Lust an der Bewegung raubten, verursacht Anspannungen und somit Ängste. Viele verstecken deshalb ihre Hände und Arme hinter dem Rücken, wenn sie vor anderen reden.

Die (zumindest von den Zuschauern so verstandene) Botschaft der versteckten Hände: "Ich habe Angst vor euch ...ich habe etwas zu verstecken ich will nichts mit euch zu tun haben."

Wer Kontakt herstellen möchte, muss sich offen dafür zeigen. Das geschieht, wenn die Hände und Arme nach vorn geöffnet werden. So verringert sich der Abstand zu den anderen.

Manchmal ist es sogar während eines Auftritts sinnvoll, eine bewusste Anspannung (z.B. der Hände) herbeizuführen, um anschließend die Muskeln rasch wieder zu entspannen. Kurze willentlich provozierte Anspannungen und Bewegungen wirken dem Lampenfieber entgegen, weil sie den körperlichen Bewegungsspielraum vergrößern und den Fluchtimpuls in einen Angriffsimpuls umdeuten und ihn unterstützen. Aktive Bewegungen sind das einzige Mittel gegen die Starre des Lampenfiebers.

Vorbereitende Bewegungsübungen für den Auftritt

Die folgenden Übungen sind Anregungen, die Ihre Muskeln und Gelenke beweglicher machen. Darüber hinaus wirken sie sich auf die Atmung aus – sie wird freier. Entwickeln Sie aus diesen Anregungen Ihre eigenen Bewegungsmöglichkeiten, so dass Sie auch in heiklen Bühnensituationen spontan handeln können. Eine bewusst herbeigeführte Bewegung Ihres Körpers führt immer auch zu gedanklichen und gefühlsmäßigen Neuorientierungen. Die folgende aufwärmende Dehn- und Streckübung wirkt der Starre der Angst entgegen. Auch auf der Bühne kann man solch eine Dehnvorstellung bzw. Dehnung absichtlich erzeugen, um dem Sich-klein-machen entgegenzuwirken.

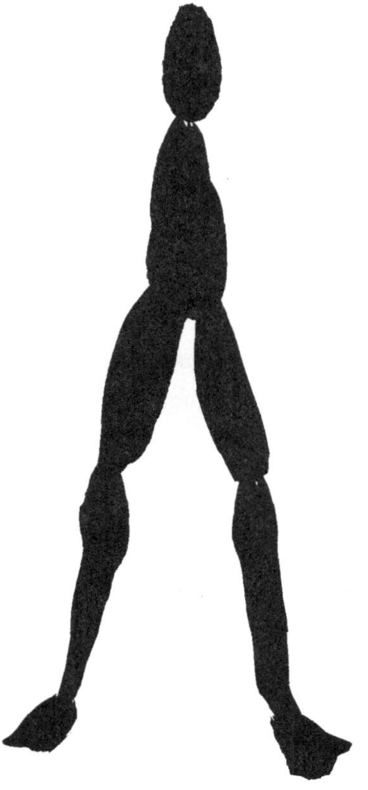

Strecken Sie sich. Stellen Sie sich vor, Ihr Körper bestehe aus dehnbarem Material, das sich in sämtliche Richtungen ausdehnen lässt.

Konzentrieren Sie sich auf Ihre Arme: Stellen Sie sich vor, wie sie anwachsen und immer länger werden, bis sie zur doppelten Länge angewachsen sind.

Wiederholen Sie das gleiche mit den Beinen.

Lassen Sie auch Ihren Oberkörper von den Hüften an langsam aufwärts anwachsen.

Kennen Sie weiche Knie? Wenn Sie das Gefühl kennen, dass Ihre Knie weich und zittrig werden und Sie Angst haben zu versagen, dann helfen Beinstärkungsübungen, die Sie kurz vor dem Auftritt durchführen. Sie werden danach mit einem neuen "Beingefühl" auf dem Boden stehen.

Gehen Sie stampfend durch einen Raum und spüren Sie die Kraft in Ihren Beinen.

Schütteln Sie Ihre Beine aus und spannen Sie sie wieder an, indem Sie Ihre beiden Beine nacheinander gegen eine Wand stemmen, so kräftig Sie können.

Entspannen Sie wieder.

Eine Variante dazu: Setzen Sie sich auf einen Stuhl und strecken Sie die Beine waagrecht aus. Spannen Sie die Oberschenkelmuskulatur so stark wie möglich an. Halten Sie die Spannung möglichst lange (ca. 10 Sekunden) und lassen Sie dann die Beine wieder nach unten sinken. Spüren Sie, wie die Entspannung sich über den ganzen Körper ausbreitet?

Verkrampfter Nacken, verspannte Schultern? Verkrampfungen im Nacken lassen sich lösen, wenn Sie Ihren Hals langsam hin und her drehen. Dadurch dehnen sich die Muskeln im Nackenbereich. Zusätzlich lösen sich Nackenspannungen, wenn Sie mit den Fingerspitzen unterhalb der Ohren kreisende Bewegungen durchführen. Beachten Sie bitte bei dieser wie den folgenden Übungen zur Erleichterung der "Last auf den Schultern" und Entspannungsübungen folgendes: Jede Übung beginnt mit dem Ausatmen. Sobald ein Übungsteil anstrengend wird, betonen Sie grundsätzlich das Ausatmen.

Ziehen Sie Ihre Schultern so weit zurück, dass sie sich fast berühren.

Oder ziehen Sie erst die eine Schulter nach oben und lassen Sie die andere nach unten "fallen" und dann die andere Schulter.

Drehen Sie den Kopf ganz langsam von rechts nach links und zurück. So verbessern sich die Beweglichkeit und der Bewegungsradius des Kopfes.

Oder: Lehnen Sie den Kopf langsam und behutsam so weit wie möglich zurück. Sie selbst spüren, wie weit Sie gehen können.

Bewegen Sie dann den Kopf genauso langsam wieder nach vorn in die normale Ausgangsposition.

Blickkontakt

Blicke als Kommunikationsmedium

Neben der Stimme und der Sprache ist das Auge ein wichtiges Kommunikationsmedium. Nicht ohne Grund gibt es die Redensart "im Auge der Öffentlichkeit stehen". Menschen, die sich auf der Bühne mit einem sprechenden, offenen Blick zeigen, stiften Verbindung, Kontakt oder Begegnung. Manche meinen, es sei unhöflich, andere Menschen direkt anzuschauen. Auf der Bühne gilt das Gegenteil. Wer keinen Blickkontakt aufnehmen und aushalten kann, erzeugt Abwehr.

Die Hörer oder Zuschauer brauchen Blickkontakt. Wenn ich als Auftretender ihnen diesen Augenkontakt nicht schenke, erzeuge ich Distanz. Sie entziehen sich und entwickeln sogar mitunter Aggressionsgefühle. Hörer fühlen sich persönlich angesprochen, wenn man sie anschaut. Sie nehmen Inhalte besser auf, wenn sie angeschaut werden.

Deswegen ist der Blick mehr als nur eine Freundlichkeit. Er ist ein zusätzliches Medium, das die eigene Persönlichkeit verstärkt. Es gibt Untersuchungen über die Wirkung des Blickkontaktes, die eine zentrale Erkenntnis geliefert haben: Dort, wo mit Blickkontakt kommuniziert wird, bleibt mehr im Gedächtnis der anderen haften.

Häufig verläuft der Blickkontakt mechanisch, beispielsweise wenn Menschen sich begrüßen. Man schaut sich kaum an und versteckt sich hinter sozialen Masken. Dadurch bleiben viele Kontaktmöglichkeiten so denkwürdig folgenlos.

Menschen fühlen sich nicht beachtet, sie ziehen sich förmlich zusammen, wenn sie sich unter der Wirkung solcher mechanischer Blicke nicht gemeint fühlen. Es wäre eine Bereicherung, wenn wir in unsere Bühnen- und Grußrituale etwas von der Haltung übernehmen könnten, die bei einigen afrikanischen Stämmen durch die übliche Grußformel: "Ich sehe dich", ausgedrückt wird.

Blickkontake fördern

Ungeübte schweifen auf der Bühne mit ihren Blicken ins Leere. Sie weichen den Zuschauern oder Hörern aus. Manche gucken auf den Boden, andere an die Decke und wieder andere schauen aus dem Fenster.

Prüfen Sie selbst: Sind Sie ein Bodengucker, ein Deckengucker oder ein Fenstergucker?

Die beiden folgenden Übungen sind dafür geeignet, beim Vortragen von Texten den Blickkontakt mit dem Publikum zu fördern.

Blickkontaktübung

Sie lesen so viele Worte Ihres Textes, wie Sie behalten können.

Sie lesen nur, ohne dabei zu sprechen.

Dann blicken Sie auf, suchen den Blickkontakt mit den Hörern und sprechen erst dann die vorher gelesenen Worte.

Wenn Sie ausgesprochen haben, sehen Sie Ihre Hörer nochmals an, und erst dann sehen Sie wieder nach unten und lesen wieder so viele Worte, wie Sie ohne Mühe behalten können.

Auf diese Art wird das Vorlesen zu einem Vortragen, weil der Hörer immer wieder Blickkontakt mit Ihnen hat. Ein weiterer Vorteil: Es entstehen immer wieder kleine Pausen, die nicht nur den Hörern Verarbeitungszeit geben, sondern auch den Vortragenden ruhiger machen und sicherer werden lassen.

Augendialog-Übung

Stellen Sie sich vor, Sie halten eine Rede.

Sie nehmen mit den Zuhörern Augenkontakt auf. Ihr Blick wandert durch den Raum, da gibt es freundliche, gelangweilte, verkniffene, erwartungsvolle, gespannte Augenpaare.

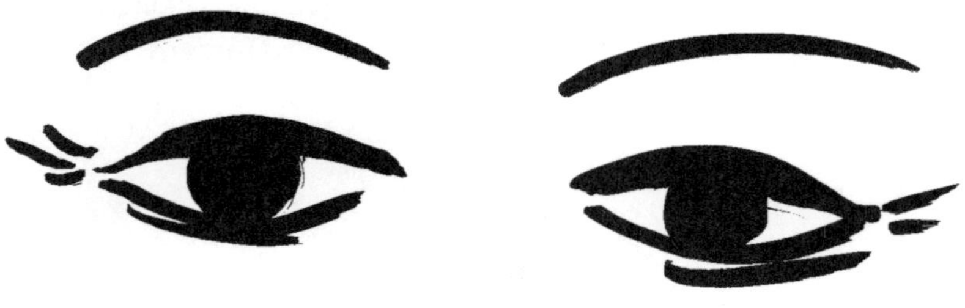

Suchen Sie sich ein Augenpaar aus, wo Sie sich besonders wohl fühlen. Verharren Sie eine Weile.

Dann gehen Sie weiter. Später, während Sie sprechen, kehren Sie wieder zu Ihrem gewählten Augenpaar zurück.

Genießen Sie das Wohlwollen und die Zustimmung, die Sie verspüren.

Das schönste Geschenk für ein Publikum ist ein lächelnder Blick. Er ist wie ein Wink, der die anderen einlädt, sie einbezieht und ihnen Wertschätzung gibt. Es stärkt uns nicht nur selbst, wenn wir mit den Augen lächeln, sondern auch die anderen, die sich dadurch bestätigt fühlen.

Eine spielerische, weite Einstellung, gepaart mit einem entwaffnenden Lächeln, ist einer der kostbarsten Beiträge im Umgang mit Lampenfieber. Es überbrückt Differenzen, Spannungen, Fehler und bewirkt eine zustimmende, warme Atmosphäre.

Notfallkoffer: Hilfen bei spezifischen Symptomen

Nachdem ich verschiedene allgemeine Methoden für den Alltag und die Bühnensituation vorgestellt habe, möchte ich nun gezielt auf bestimmte Symptome zu sprechen kommen und auf Techniken eingehen, die Sie unmittelbar vor einem Auftritt dagegen einsetzen können.

Sie sind für Ihren "Notfall-Koffer" gedacht. In Ihrem "Notfallkoffer" soll sich all das befinden, was Ihnen unmittelbar vor einem Auftritt hilfreich sein könnte.

Grundsätzlich gilt auch bei diesen Übungen, dass Sie Ihre Symptome erst einmal intensivieren und prägnant machen, um sie dann zu lösen und zu neutralisieren.

Symptom: Katastrophen-Gefühle

1. Denken Sie an Ihre Angst und sprechen Sie das Alphabet rückwärts.
2. Denken Sie an Ihre Angst und sagen Sie die Achter-Reihe im Einmaleins (8, 16, 24, 32 ...) oder eine andere Reihe auf.
3. Denken Sie an Ihre Angst und rollen Sie gleichzeitig die Augen abwechselnd rechts und links herum.

Symptom: Wut fühlen

1. "Wenn meine Wut sprechen könnte." Setzen Sie die Füße flach auf, Hände auf die Oberschenkel und äußern Sie alles, was Ihnen in den Sinn kommt, als wären Sie die personifizierte Wut.

2. Schimpfen und schnauben Sie und getrauen Sie sich, so richtig den Dampf abzulassen.
3. Anschließend nehmen Sie ein paar tiefe Atemzüge und gähnen hemmungslos.

Symptom: Sich geistig angespannt fühlen

1. Stellen Sie sich vor, Sie lassen die überschüssige geistige Energie durch die Augenlider heraussickern.
2. Massieren Sie den Bereich seitlich der Nase dort, wo die dicken Muskeln sitzen, die zu Mund und Kinn führen. So verschwindet geistige Anspannung.

Symptom: Sich verkrampft und unlebendig fühlen

1. Stimmen Sie aus der Brust heraus eine Melodie an (nicht aus der Kehle) und folgen Sie ihr.

2. Tun Sie alles, was die Melodie von Ihnen verlangt. Folgen Sie den Impulsen der Melodie.
3. Übersetzen Sie die Melodieimpulse in körperlichen Ausdruck.

Symptom: Sich körperlich angespannt fühlen

1. Setzen Sie sich in Bewegung und gehen Sie durch den Raum.
2. Während Sie gehen,denken Sie an etwas Schönes, z.B. an einen Film, an eine Landschaft, an eine interessante Begegnung, an ein Tier, das Sie mögen. Sie werden merken: Ihr Körper entspannt dabei.

Symptom: Verkrampfte Gesichtsmuskulatur

1. Lassen Sie den Unterkiefer leicht hängen. Schieben Sie ihn vor und zurück, auf und ab und im Kreis, bis Sie eine Lockerung spüren.
2. Machen Sie übertriebene Grimassen. Sie können dazu auch Geräusche oder Töne von sich geben.
3. Gähnen Sie lange und ausgiebig.

Symptom: Müdigkeit und Schlaffheit

1. Schüttelübung: Stellen Sie sich vor, eine klebrige Masse hängt an Ihrem Körper, die Sie loswerden wollen.

2. Schütteln Sie sich kräftig und geben Sie dazu Laute von sich. Spüren Sie die Lebendigkeit, die aufkommt?

Symptom: Zu wenig Energie

1. Gähnen und massieren Sie dabei leicht das Kiefergelenk.

2. Massieren Sie vor allem die verspannten Stellen des Kiefers.

Symptom: Kalte Hände

1. Machen Sie große kreisförmige Bewegungen – wie eine Windmühle – mit gestreckten Armen über Ihren Kopf und Rücken.

2. Schütteln Sie sich mit dem ganzen Körper wie ein aufgeregter Schmetterling. Lassen Sie dabei die Zunge heraushängen.

Symptom: Kalte Füße

1. Schütteln Sie Ihre Beine und Füße kräftig aus, stampfen Sie oder veranstalten Sie einen wilden Tanz.
2. Geben Sie sich oder lassen Sie sich eine Fußmassage geben.
3. Gehen Sie in die Hocke und verharren Sie so. Ihre Füße stehen im Abstand von ca. 20 cm in Parallelstellung. Die Fersen ruhen auf dem Boden, das Körpergewicht lagert auf den Fußballen.

Symptom: Schmetterlinge im Bauch

1. Geben Sie sich eine Bauchmassage – in kreisförmigen Bewegungen mit beiden Händen zur gleichen Zeit.
2. Legen Sie dann die rechte Hand auf Ihre Herzgegend. Konzentrieren Sie sich auf das Entspannungsgefühl, das vom Bauch aus nach außen strömt.

Symptom: Verwirrung

1. Vertiefte Atmung: Einatmen, den Atem viermal so lange anhalten, wie Sie eingeatmet haben.
2. Dann doppelt so lange ausatmen, wie Sie eingeatmet haben.

Symptom: Nervosität

1. Spritzen Sie sich bei Nervosität vor einem Auftritt kaltes Wasser ins Gesicht.
2. Oder trinken Sie möglichst zügig ein Glas kaltes Wasser.
3. Oder tauchen Sie Ihr Gesicht kurz unter kaltes Wasser ("Tauchreflex").

Symptom: Nicht loslassen können

1. Legen Sie sich flach auf den Boden und entspannen Sie sich. Stellen Sie sich vor, wie Ihr Körper in den Boden einsinkt und dabei immer schwerer wird.

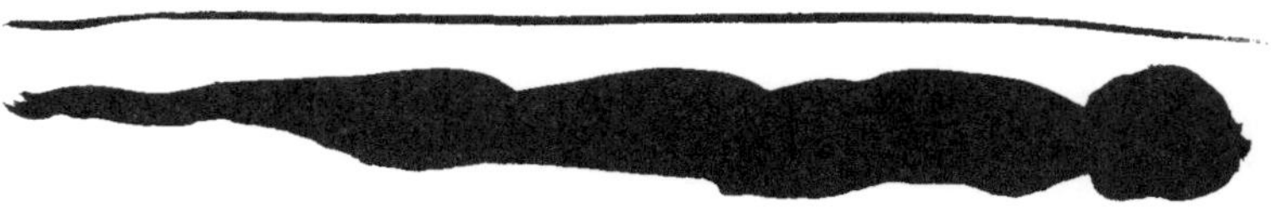

2. Bleiben Sie eine Weile liegen. Dann ballen Sie beide Fäuste ein paar Mal und kommen langsam in die Realität zurück.

Schlussbemerkung

Wie auf der Bühne: Der Schluss ist noch wichtiger als der Anfang. Die letzten Worte nimmt der Leser oder Zuhörer mit nach Hause. Der Schluss bleibt im Ohr und in der Erinnerung.

Ungeschickte Redner erkennt man daran, dass sie einen im Unklaren lassen, ob sie nun fertig sind oder noch etwas sagen wollen.

Mein Schluss an dieser Stelle des Buches ist eindeutig. Ich wünsche meinen Leserinnen und Lesern, dass sie zumindest gedanklich nachvollziehen können, dass bei Lampenfieber statt Last nun Lust vorherrschen kann.

In der Regel sind es nicht die gestellten Aufgaben, die Angst machen. Vielmehr bereiten die Vorstellungen über negative Bewertungen oder Beurteilungen Unbehagen.

Lampenfieber lässt sich gedanklich, leiblich und seelisch von Last in Lust verwandeln, indem man lernt, mit der Angst umzugehen, sie zu nutzen und ihre Botschaft zu entschlüsseln – aber nicht frontal, nicht mit starren Prinzipien oder harten Strategien.

Prinzipien sind mir verdächtig. Kleine Schritte im Umgang mit einem großen Gefühl, kleine Verschwörungen und Listen gegen den unberechenbaren "Widersacher" liegen mir näher.

Wenn Sie eines Tages zu Ihrem Lampenfieber sagen können: "Du machst mir zwar das Leben schwer, trotzdem geb' ich dich nicht mehr her." – dann hat dieses Buch seinen Sinn erfüllt.

Gesamtliteraturverzeichnis

Andreasen, N.C., Brave New Brain. Geist-Gehirn-Genom. Berlin, Heidelberg, New York: Springer 2002

Antonovsky, A., Unraveling the mystery of health: How people manage stress and stay well. San Francisco: Jossey-Press 1987

Bauer, J., Das Gedächtnis des Körpers. Wie Beziehungen und Lebensstile unsere Gene steuern. Frankfurt: Eichborn 2002

Boekaerts, M., Pintrich, P.R., Zeidner, M., Handbook of Self-Regulation. London: Harcourt 1999

Bohne, M., Auftrittsängste. Die Geißel der Musiker und ihre "harmonische Auflösung". In: Das Orchester 11/03, S. 8-12

Buchs-Quante, U., Voice Power. Heidelberg, Kröning: Asanger 2002

Csikszentmihalyi, M., Flow. The Psychology of optimal Experience. New York: Harper&Row 1990

Damasio, A., The feeling of what happens: Body and Emotion in the Making of Consciousness. London: Vintage 2000

Ellis, A., Die rational-emotive Therapie. Das innere Selbstgespräch bei seelischen Problemen und seine Veränderung. München: Piper 1977

Fahrenberg, J., Entspannung. Lexikon der Psychologie (5 Bände). Heidelberg: Spektrum Akademischer Verlag, 2000, (Band 1).

Flammer, A., Erfahrungen der eigenen Wirksamkeit. Einführung in die Psychologie der Kontrollmeinung. Bern, Stuttgart, Toronto: Huber 1990

Greenberg, J.S., Comprehensive Stress Management. 3. Aufl., University of Maryland: Wm. C. Brown Publishers 1990

Hüther, G., Bedienungsanleitung für ein menschliches Gehirn. 2. Aufl. Göttingen: Vandenhoeck & Ruprecht 2001

Hüther, G., Biologie der Angst. Wie aus Stress Gefühle werden. Göttingen: Vandenhoeck&Ruprecht 1997

Hüther, G., Der Traum vom stressfreien Leben. Spektrum der Wissenschaft. Dossier 3, 1999, S. 6-11

Izard, C.E., Human emotion, Plenum Press, New York, 1977; dt. Die Emotionen des Menschen. Beltz: Weinheim 1981

Kia, R.A., Stimme. Spiegel meines Selbst. 2. Aufl. Braunschweig: Aurum, 1992

Kirschbaum,C., Pirke, K., Hellhammer, D., The Trier Social Stress Test. Neuropsychobiologie 28, 1993, S. 76-81

Klöppel, R., Das Gesundheitsbuch für Musiker. Anatomie, berufsspezifische Erkrankungen, Prävention und Therapie. Kassel: Bosse 2003

Laux, L., Weber, H., Emotionsbewältigung und Selbstdarstellung. Stuttgart: Kohlhammer 1993

Liebelt, P., Schröder, H., Prävention und Intervention der Podiumsangst – Aufbau und Evaluation eines psychologischen Gruppenprogramms. Musikphysiologie und Musikermedizin 1, 1999, S. 7-13

Mantel, G., Mut zum Lampenfieber. Mainz: Schott 2003

Meaney, M., Nature, nurture and the disunity of knowledge. Annals of the New York Academy of Sciences 935, 2001, S. 491-497

Metzig, W., Schuster, M., Prüfungsangst und Lampenfieber. Bewertungssituationen vorbereiten und meistern. Berlin, Heidelberg: Springer 1998

Middendorf, I., Der erfahrbare Atem. Paderborn: Junfermann 1984

Möller, H., Lampenfieber und Aufführungsängste sind nicht dasselbe! In: Üben & Musizieren 5/99 S.13-19

Mornell, A., Lampenfieber und Angst bei ausübenden Musikern. Schriften zur Musikpsychologie und Musikästhetik. (14). Frankfurt: Europäischer Verlag der Wissenschaften 2002

Morschitzky, H., Angststörungen. Diagnostik, Erklärungsmodelle, Therapie und Selbsthilfe bei krankhafter Angst. Wien, New York: Bosworth 1998

Mummendey, H.D., Psychologie der Selbstdarstellung. Hogrefe: Göttingen 1995

Nelson, R., Louder and funnier. A practical guide for overcoming stagefright in speechmaking. Berkeley: Ten Speed Press 1985

Petzold, H. (Hrsg.), Integrative Therapie. Ausgewählte Werke Bd. II, 3: Klinische Praxeologie. 2. erw. Aufl. Paderborn: Junfermann 1999

Petzold, H. et al., "Integrative Traumatherapie" – Modelle und Konzepte für die Behandlung von Patienten mit "posttraumatischer Belastungsstörung". In: Van der Kolk, B.A., McFarlane, A.C., Weisaeth, L. (Hrsg.), Traumatic Stress.

Grundlagen und Behandlungsansätze. Paderborn: Junfermann 2000, S. 445-579

Petzold, H., Psychotherapie & Körperdynamik. Verfahren psycho-physischer Bewegungs- und Körpertherapie. 4. Aufl. Paderborn: Junfermann, 1981, S. 359

Richter, H.E., Umgang mit Angst. Hamburg: Hoffmann und Campe 1992

Roth, G, Das Gehirn und seine Wirklichkeit. Kognitive Neurobiologie und ihre philosophischen Konsequenzen. Frankfurt: Suhrkamp 1996, 2000

Schacter, D.L., Wir sind Erinnerung, Gedächtnis, Persönlichkeit. Reinbek: Rowohlt 1999

Scheerer, H., Reden müsste man können. Gabal: Offenbach 1995

Schlegel, L., Die Transaktionale Analyse. Tübingen, Basel 1995

Schmitz, H., Leib und Gefühl. Materialien zu einer philosophischen Therapeutik. Hrsg. Gausebeck, H., Risch, G., Paderborn: Junfermann:1989

Schütz, A., Psychologie des Selbstwertgefühls. Von Selbstakzeptanz bis Arroganz. Kohlhammer, Stuttgart 2000

Schulz von Thun, F., Miteinander reden 3 – Das "innere Team" und situationsgerechte Kommunikation. Reinbek: rororo 2003.

Seidel, E., Höpfner, R., Lange, E., Vergleichende Studie zu klinisch relevanten Belastungsfaktoren bei Musikstudenten und Berufsmusikern. Musikphysiologie und Musikermedizin 4, 1999, S. 115-119

Seligman, M.E.P., Erlernte Hilflosigkeit. München: Urban & Schwarzenberg 1986

Silber, O.H., Klangtherapie-Weg zur inneren Harmonie. Freiburg: Herder 2003

Southwick, S.M., Morgan, C.A., Bremner, A.D., Grillon, C.G., Krystal, J.H., Nagy, L., Charney, D.S., Noradrenergic Alterations in Posttraumatic Stress Disorder. In: Yehuda, R., McFarlane, A.C. (eds.), Psychobiology of posttraumatic stress disorder. New York: The New York Academy of Sciences 1997

Spitzer, M., Selbstbestimmen. Gehirnforschung und die Frage: Was sollen wir tun? 1. Aufl. Heidelberg, Berlin: Spektrum Akademischer Verlag 2004

Tabbert-Haugg, C., Alptraum Prüfung. Gestörtes Prüfungsverhalten als Ausdruck von Schwellenängsten und Entwicklungskrisen. Leben lernen 158. Stuttgart: Pfeiffer bei Klett-Cotta 2003

Tarr Krüger, I., Die magische Kraft der Beachtung. Sehen und gesehen werden. Freiburg: Herder 2001

Tarr, I., Vom Lampenfieber zur kreativen Energie. Ursachen, Wirkung, Therapie. Neu überarb. Ausgabe des 1993 erschienenen Titels "Lampenfieber. Ursachen, Wirkung, Therapie", Stuttgart: Kreuz 2003

Tarr, I., Wovor hast du Angst? Musikunterricht kann Lampenfieber erzeugen und verhindern helfen. In: Üben & Musizieren 5/03, S. 44-47

Toennies, S., Mentales Training für die geistig-seelische Fitness. Heidelberg: Asanger 1998.

Tönnies, S., Entspannung, Suggestion, Hypnose. Heidelberg, Kröning: Asanger 2002.

Wagner, A. et al., Bewußtseinskonflikte im Schulalltag. Weinheim: Beltz 1984

Wilson, G., Psychology for performing artists. London, Philadelphia: Whurr 2002

ASANGER

Sven Tönnies

Entspannung – Suggestion – Hypnose.

Praxisanleitungen zur Selbsthilfe und Therapie

2002, 194 S., kt., € 22.-, SFr. 40.-,

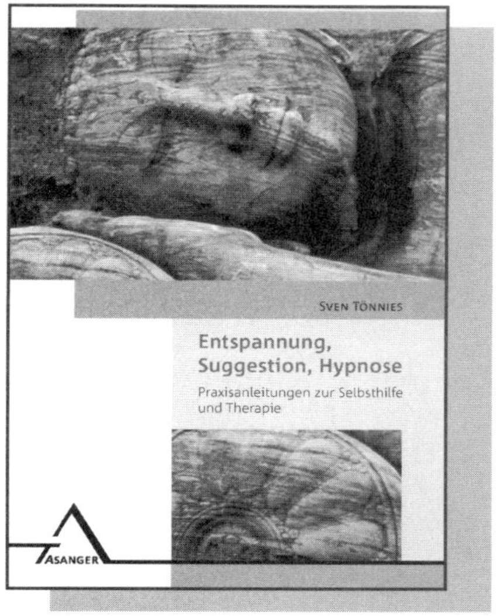

Dieses brillant geschriebene Buch von Sven Tönnies vermittelt Ihnen eine Fülle praktischer Einblicke in die traditionellen und neueren Entspannungsverfahren. Tönnies gibt wertvolle Hinweise, mit welchen Verfahren Sie erste Erfahrungen machen, welche Sie kombinieren und weiter vertiefen sollten und wann das eine dem anderen Verfahren vorzuziehen ist. Gezielt werden die Methoden beschrieben, die Ihnen bei der täglichen Stress-Abwehr und -Verarbeitung helfen, Ihre seelisch-körperliche Fitness fördern und auch bei psychosomatischen und chronischen Erkrankungen die Lebensqualität verbessern.

Ein solcher Wegweiser durch die Entspannungsmethoden – von den apparativen Möglichkeiten bis hin zu den verschiedenen Meditationsformen, von der Selbstsuggestion bis zur modernen Hypnose – ist neu und gibt Ihnen die Möglichkeit der Wahl, die für Sie geeignete Methode herauszufinden.

"Wer umfassend informiert werden will, um aus der Flut der Informationen und Möglichkeiten seinen eigenen Weg zu finden, wer ein gut lesbares Buch mit Praxisnähe und vielen praktischen Übungsanleitungen sucht, mit zahlreichen Literaturhinweisen und Internet-Adressen, der braucht nicht länger zu suchen: Er ist bereits am Ziel." (Klaus M. Hocker in Tinnitus-Forum)

Asanger Verlag • Heidelberg, Kröning

Dr. Gerd Wenninger, Bödldorf 3, 84178 Kröning, e-mail: verlag@asanger.de

www.asanger.de

Gerd Wenninger
Monika Eigenstetter

Inhalte anschaulich machen.
Leitfaden für das
Präsentieren und Moderieren

2003, 142 S. mit 160 Abb., kt.,
€ 17,-, SFr 29,80. ISBN 3-89334-345-8

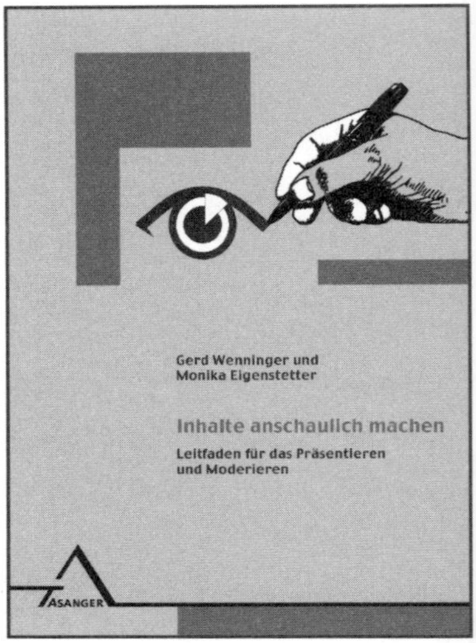

Aufwendig gestaltete Text- und Bildelemente ergeben noch keinen guten Vortrag mit Overheadprojektor oder Beamer. Und das ungeübte, inflationäre Sammeln von Kärtchen hat inzwischen dazu geführt, mit Moderation ein "unendliches Kartenabfragen" zu verbinden, das zu keinen umsetzbaren Ergebnissen führt.

In diesem Leitfaden wird aufgezeigt, was beim Einsatz der vielfältigen Methoden und Techniken der Visualisierung zu beachten ist, um das Publikum beim Präsentieren und Moderieren in den Bann zu ziehen. Der Leitfaden enthält eine Vielzahl von praktischen Tipps für Referenten und Moderatoren – sowohl für die ersten Gehversuche als auch zum Erweitern des Repertoirs. Er zeigt z.B. auf,

- wie wichtig gründliche Zielgruppen- und Erwartungsanalysen sind,
- wie sich Lampenfieber bewältigen lässt,
- welche Gestaltungselemente für die Visualisierung geeignet sind,
- wie Präsentationen aufzubauen und durchzuführen sind,
- mit welchen Methoden sich beim Moderieren Themen sammeln, auswählen und bearbeiten lassen.

"... einmal angefangen, legt man das Bändchen nur schwerlich aus der Hand – und hat was dabei gelernt." (Michael Scheuermann, M.A., Littera-Tour durch die PR-Welt WS 2003/04)

Asanger Verlag • Heidelberg, Kröning
Dr. Gerd Wenninger, Bödldorf 3, 84178 Kröning, e-mail: verlag@asanger.de
www.asanger.de